生活因阅读而精彩

生活因阅读而精彩

| 中国文脉系列 |

难得是糊涂
郑板桥传

孙家佳 著

中国华侨出版社

图书在版编目(CIP)数据

郑板桥传/孙家佳著.—北京:中国华侨出版社,2013.12
(中国文脉系列)
 ISBN 978-7-5113-4357-4
 Ⅰ.①郑… Ⅱ.①孙… Ⅲ.①郑板桥(1693~1765)–传记
Ⅳ.①K825.72
 中国版本图书馆CIP数据核字(2013)第310446号

郑板桥传

著　　者	孙家佳
责任编辑	宋　玉
责任校对	孙　丽
经　　销	新华书店
开　　本	787毫米×1092毫米　1/16　印张/16　字数/250千字
印　　刷	北京军迪印刷有限责任公司
版　　次	2014年3月第1版　2020年5月第2次印刷
书　　号	ISBN 978-7-5113-4357-4
定　　价	48.00元

中国华侨出版社　北京市朝阳区静安里26号通成达大厦3层　邮编:100028
法律顾问:陈鹰律师事务所
编辑部:(010)64443056　　64443979
发行部:(010)64443051　　传真:(010)64439708
网址:www.oveaschin.com
E-mail:oveaschin@sina.com

前言

他出身寒门,却以诗、书、画"三绝"旷世独立。他的诗文去陈脱俗,以白话替古典,诗中有画;他的书法综合草隶篆楷四体,再加入兰竹笔意,大小不一,歪斜不整,自称"六分半书";他的画以兰竹闻世,竹子的高风亮节、坚贞正直、高雅豪迈等气韵,在他的笔墨挥毫之间表现得淋漓尽致,与画同名的题画诗,独具趣味,尽显"书画同源"、"用笔同法"的艺术造诣,流芳千古。

他的大半辈子为功名忙碌,后来却因怜民济世,得罪巨室,辞官回乡,客居扬州,作画修身终老。

他年轻时卖画营生,老时画价倍增,却厌恶附庸风雅之徒,纵出高价也不加理会,而对朋友相求,却立马欣然提笔。

他通古晓今,聪明绝顶,却写下了"吃亏是福","难得糊涂","聪明难,糊涂难,由聪明而入糊涂更难"

的千古奇句。

　　他便是清代著名的书画家、文学家，"扬州八怪"之一的旷世奇才郑燮，又号板桥，人称板桥先生，后人多称郑板桥。

　　郑板桥，字克柔，郑家所住的兴化城东南有一片竹园，门临护城河，古板桥横跨而过，郑板桥幼时经常到桥上玩耍，后来便自号"板桥"。郑板桥的一生，可谓曲折而传奇。他生活在清朝政权走向稳定的"康雍乾盛世"，出身家道早已衰败的书香门第世家。幼时跟随开设私塾的父亲学习时，便对着窗纸上映出的竹影临摹，表现出极高的绘画天赋。在习字和做诗文上，得到了其外祖父（汪翊文）、父亲，以及师（名士陆震）、友（王国栋与顾万峰等）等人的悉心指导和点拨，并结合自己在绘画中的独特领悟，发展出独具一格的"六分半书"。郑板桥的一生极为坎坷，生母在他三岁时病逝，由乳母费氏带大；三十岁时为了安葬父亲，只得卖尽遗书，还欠下大笔债务；生有儿子，却均早早夭折，以堂弟郑墨之子鄣田为嗣。他的功名之路也较为不平，三十岁考得秀才，四十岁才得中举人，后又因官场黑暗辞官回家。他酷嗜山水，结交同好，与当时的文豪画师并称为"扬州八怪"。他的一生与扬州结下不解之缘，最终落叶归根，葬于故乡兴化。

　　本书将以郑板桥的经典诗词原文为引入文，在讲述人物故事的基础上，辅以诗文赏析，为读者讲述这位妇孺皆知的艺术奇才不羁而传奇的一生。

目录 Contents

第一章 / 出生寒门：艰苦的少年时代
　　第一节　兴化故地，乡野风光　　003
　　第二节　童年里的苦辣时光　　007

第二章 / 读书填词：书画脱颖有天赋
　　第一节　家学熏陶下的启蒙教育　　015
　　第二节　师从陆震，孜孜以求　　018

第三章 / 四处游历：生计艰难父病故
　　第一节　青年婚恋时光　　027
　　第二节　重回真州，教馆谋生　　031
　　第三节　三十而立，生计依旧窘迫　　037
　　第四节　云游四方，他乡漂泊　　042
　　第五节　扬州十载，卖画、写字、作诗　　047

第四章 / 科举之路：四十中举坎坷途

第一节　悲苦道情，屡遭不幸磨难　　055

第二节　四十中举，心酸却与谁说　　060

第三节　焦山读书，寄宿寺庙　　066

第五章 / 高中进士：功名恨晚纪以诗

第一节　进士之路　　081

第二节　待"嫁"家中，应酬交际　　088

第三节　贵人助，踏上仕途官宦路　　095

第六章 / 宦海生涯：能员廉吏诗付梓

第一节　为官范县（上）——进退之间　　103

第二节　为官范县（中）——落拓知己　　119

第三节　为官范县（下）——再见范县　　139

第七章 / 饥荒放赈：济世惠民召饥民

第一节　潍县抗灾救难　　149

第二节　天地良心，不忍黎民受难　　160

第三节　文昌县令开创文星璀璨　　174

第八章 / **子殁思归：难得糊涂述心志**

第一节　糊涂判案不糊涂　　　　187

第二节　难得糊涂，胸中有泾渭　　195

第九章 / **去官南归：浸淫书画结朋缘**

第一节　罢官归去，策马有心鞭已折　207

第二节　重回故里，整理旧稿　　　213

第三节　醉心兰亭，心游八荒　　　220

第十章 / **泛舟红桥：一生疏狂竹石图**

第一节　红桥盛会，板桥题诗　　　227

第二节　人之将死，依旧壮怀激烈　232

第三节　壮怀千秋，一生疏狂　　　240

第一章

出生寒门：艰苦的少年时代

郑板桥后来一生之中所取得的艺术成就,与其故里的文化氛围及社会影响,有着密不可分的关系。兴化县城虽然很小,但在历史上却出了不少的政治家和文化名人,是人杰地灵之地。板桥在这里度过了他的年少岁月。

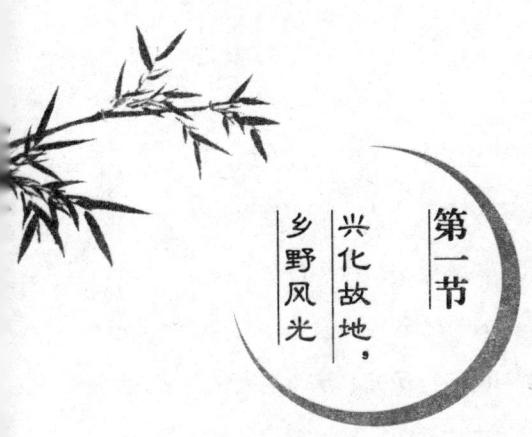

第一节 兴化故地，乡野风光

宵来风雨撼柴扉，早起巡檐点滴稀。
一径云烟蒸日出，满船新绿买秧归。
田中水浅天光净，陌上泥融燕子飞。
共说今年秋稼好，碧湖红稻鲤鱼肥。

——《喜雨》

作为一名对兰竹书画颇有造诣的诗人，描写风光景色的诗词在郑板桥的创作中占据了很大的部分。在这首著名的七言绝句《喜雨》中，郑板桥描绘了一幅关于故乡兴化静谧而质朴的田园风光画卷。

一夜风雨，撼动柴扉，到清晨，才渐渐沥沥、渐渐停歇下来。一夜甘霖浇灌了大地，也滋润了人们的心田，一夜风雨响起的是丰收的前奏，让诗人感到兴奋而沉醉。太阳升起来了，雨滴化为云雾，呈现出云蒸霞蔚、滚涌升腾的景观，烘托出早春插秧蓬勃、欢快的气氛。满载新绿的买秧船承载着农人的喜悦和希望。看向田边地头，春雨洗过的碧空融入了水田之中，等着人们去农作，而这缤纷忙碌的农活景象似乎也感染了早春的燕子，飞来飞去，衔泥筑巢。人们在早春的忙碌中，愉悦地互相告语，期望春日的喜雨能够给今年带来好的收成，这不仅是农人的迫切的希望，也是诗人良好真诚的祝愿。

这首诗描写的正是郑板桥的家乡兴化春耕季节的乡野风光，至今在兴化依然如此。郑板桥生养死葬的地方是江苏兴化。兴化古称邵阳、又称楚阳或是阳山，历来属扬州府管辖，在扬州城东北一百多里处。早在春秋战国时期就有人类在此地繁衍生息。随着大运河的开凿，江南之地得到进一步开发，得以建邵阳镇，属扬州府海陵县。五代十国时期，杨吴政权取"振兴教化"之意，将邵阳镇改名为兴化县。兴化地处偏僻，四面环水，湖面连绵数十里，成为小城天然屏障，战乱极少，让它在乱世中得以保全。

毫无疑问，郑板桥后来一生之中所取得的艺术成就，与其故里的文化氛围及社会影响，有着密不可分的关系。兴化县城虽然很小，但在历史上却出了不少的政治家和文化名人。南宋兴化第一个进士时梦珙，明初礼部尚书陆容，明朝知县邵斌，五代时期的宰相高谷，状元宰相李春芳，才子宗臣，东海贤人韩贞，左都御史李楠等，都是郑板桥的先哲前辈。兴化县城在明初嘉靖时曾建有一"四攒坊"，清代后改叫四牌楼，纪念了从宋代以来的四位历史名人。明清以后，凡是兴化当地的名人，即在上挂匾。到郑板桥时，已经悬挂有三十多块。有朝中宰辅、尚书、御史等数十人，还有文学家宗臣、星象学家陆西星、法学家解雪龙等。兴化在郑板桥前诞生的著作家已有5人，著作达161部，诗文集54部；有进士74人，与郑板桥年龄相仿的文人学士不乏其人，兴化小城自古以来可谓是历史悠久、人杰地灵。

战国时期，兴化一带是楚国的领地。楚国大将邵阳连克魏国八座城池，为楚国建功立业，官至上柱国。楚怀王并将兴化地区封为邵阳的食邑，邵阳率人在这黄海之滨海滩开垦,播下了文明的火种,后来其食邑因人而名遂称邵阳。北宋著名政治家范仲淹曾在兴化担任过县令。北宋天圣年间,范仲淹任西溪盐监,发现海堤年久失修,人民饱受海水倒灌之苦。为此,他上书痛陈海堤利害,建议在沿海重修一道坚固的捍海堤堰。张纶奏准朝廷,调范仲淹做兴化县令,全面负责修治捍海堰。经过范仲淹等人的坚持和努力,捍海堰终于修成,得以造福兴化等地。范仲淹在兴化期间还重视兴化的县城建设,建设了学宫、沧浪亭、县署等设施,为当地的文治发展建设不遗余力。

元末明初的著名文学家施耐庵也生于兴化。施家世居兴化,1353年(元至正十三年),白驹场盐民张士诚起兵,定都平江(苏州)建立抗元政权,自立吴王,施耐庵效力张士诚,之后施耐庵避乱迁居兴化。施耐庵三十五岁时曾中进士,由于对社会失望,后弃官归里,闭门著书,以元末起义军将领为原型,搜集整理了梁山泊宋江等英雄人物的故事,创作了《江湖豪客传》,后改名为《水浒传》。还与门下弟子罗贯中一起研究了《三国演义》、《三遂平妖传》的创作。

明朝时期,曾有三位相国出自兴化——高谷、李春芳和吴甡。高谷,字世用,于永乐年间考取进士,官至工部尚书、东阁大学士、谨身殿大学士、少保、太子太傅。高谷为官清廉,办事公道,主持正义,历经永乐、洪熙、宣德、正统、景泰五朝,由中书舍人升至内阁大学士,故被尊为"五朝元老"。李春芳,字子实,嘉靖二十六年(1547)中状元,经过六次升迁,到嘉靖四十四年(1565)以礼部尚书加太子太保兼武英殿大学士入阁拜相,被称为"状元宰相"。李春芳一生勤学不倦,先后拜欧阳德、湛若水等天下大儒为师,又"请益"于王艮,受学于丁养晦。在兴化留下了东城外土神祠的"李文定读书处"和缸顾乡武陵溪的读书台。后与"射阳吴子"吴承恩相识,两人一见如故,并共同合作写出了中国四大名著之一的《西游记》。李春芳个人所著的

《贻安堂记》、《明隽》等被编入了明史艺事志中。吴甡，字鹿友，万历四十一年（1613年）进士。先后任福建邵武、晋江及山东潍县知县。天启二年，升为御史，后任礼部尚书兼东阁大学士，户部尚书兼兵部尚书、文渊阁大学士加太子少保，成为明代兴化第三位"宰相"。

在郑板桥之前的清朝时期，兴化也倍有才子、俊杰出没。如东原居士宗元鼎，字鼎九。宗元鼎生于清朝初年，康熙十八年贡太学，部考第一。在诗画方面都颇有造诣，与兄元观，弟元豫，侄之瑾、之瑜时称"广陵五宗"。宗元鼎以诗作闻名于江淮之间，《四库全书总目》有云："……尝从王士祯。《渔洋诗话》称其诗以风调胜，酷似《才调集》。又称其缘情绮靡，不减西昆、丁卯。盖其所取法皆如此。"其中《题郊居》一首最为人称道："茶灶声清响竹廊，小亭新构面横塘。渔翁晚唱烟生浦，桑妇迟归月满筐。一岑山花烧杜宇，满池春雨浴鸳鸯。篱边犬吠何人过，不是诗僧是酒狂。"清代学人沈德潜在《清诗别裁》中对宗元鼎的诗评价道："定九爱洁不减倪高士，为诗最重风调而性情因之以出，非漫然语也。集中七言绝句尤近中晚唐人。" 除此之外，宗元鼎还擅词，散文辞赋亦清新秀丽，为人所爱。后著有诗作《芙蓉集》、《新柳堂集》，词作《小香词》。

可想而知，故乡兴化这块人杰地灵的宝地所拥有的悠久浓厚的文化传统，对郑板桥一生所起到的影响。而在郑板桥众多描写故土的诗词之中，总是不难觉察到这名出身贫贱的知识分子对家乡所饱含的朴素情怀在他的诗篇之中，我们不难体会到郑板桥对他生养死葬的故土——兴化发自内心的眷恋和深情。也就是从这块秀丽朴质、钟灵毓秀的土地上，这位集诗书画"三绝"于一身的旷世奇才开始了曲折而又传奇的一生。

第二节 童年里的苦辣时光

平生所负恩，不独一乳母，
长恨富贵迟，遂令惭恧久。
黄泉路迂阔，白发人老丑。
食禄千万钟，不如饼在手。

——《乳母诗》

这首《乳母诗》写于郑板桥四十五岁时，当时郑板桥已经中了进士，考取了功名，但心头却想到的是童年时对自己舔犊情深、恩如己出的乳母费夫人。

郑氏祖上本属书香门第，是望族大姓，但在郑板桥出生时，家道已经衰败，生活贫苦。元末，张士诚起义于兴化白驹，后来在苏州定都称王，后不敌朱元璋。朱元璋在攻破苏州之后，当地百姓不愿意投降，朱元璋对兴化、苏州百姓怀恨在心，蓄意移民。洪武年间，兴化本地百姓被迁居到天津等地，又将苏州很多百姓迁到兴化，希望"坏种""迁地为良"。"苏迁"人中的郑重一就是郑板桥的祖先。

郑重一的子孙在兴化繁衍发迹起来后，在东门外发财巷、万寿宫侧建起了"邵阳书带草堂郑氏宗祠"。据《邵阳书带草堂郑氏族谱》所记，郑板桥的曾、祖、父三代世系为郑重一的第十一世长门孙，名郑新万，字长卿，明末秀才。新万长子，字清之，曾在县学做过小官。有二子，长子名之本，字立庵，号梦阳，康熙十二年生，次子名之标，字省庵，康熙十四年生。郑立庵娶兴化汪诩文之女为妻。汪诩文是兴化名士，饱读诗书，隐居不仕，只有一个女儿。他看郑立庵勤奋好学，为人诚实，便不嫌弃郑立庵家贫，将独生女嫁给了他。汪氏嫁到郑家后，却逢兴化连年遭遇水灾，生活更为艰难。汪氏怀孕时，立庵的祖母陈太夫人还健在，期盼能够见到重孙，以享四世同堂之乐。但不幸的是，在汪氏生产前，老人家却去世了。根据兴化当时的风俗，家里遭遇丧事，产妇在家生产，血光会冲击死者的魂灵。可是，接纳别家的妇女生产的人家，也会跟着倒霉几辈子。无奈之下，立庵的母亲只好听从了侍女费氏的建议让汪氏到下甸本家亲戚家里生产，费氏也一并跟去服侍。汪氏费尽周折产下的这一孩子，就是郑燮。所以后来郑板桥做了县官后，捎钱回乡，嘱托弟弟郑墨一定要分赠给各个本家亲戚，说道："下甸一家，派虽远，亦是一脉，皆当有所分惠。"《范县署中寄舍弟墨》，可见他一直记着本家亲戚对自家的恩情。

康熙三十二年十月二十五日子时（公元1693年11月23日零时），郑板桥呱呱落地。这一天是二十四节气中的小雪，兴化民间也将这一天叫作"雪婆婆生日"，郑板桥常常以生为此日为傲，后来还特地刻了一枚"雪婆婆同日生"的印章，为官时，还常常钤在书画上。郑板桥还刻有"麻丫头针线"这样一枚奇怪的印章。这是因为当时郑家认为把男娃娃当成女娃娃叫，名字上再带点脸上的"麻点子"，就可以健康成长，长命百岁。因此就给小板桥取了个"麻丫头"这样的奶名。后来在小板桥五岁上学时，根据他五行缺火的生辰，才给他起了"燮"这个学名,字克柔。郑板桥终生也未曾忘记父母的苦心和慈爱,即使是声名鹊起之后,还特地为此刻章纪念。

郑板桥的幼年生活却不幸福,甚至是充满了艰苦和心酸。正逢兴化灾荒连绵之时,家境贫苦,亲人相继去世。生母汪夫人向来体弱多病,以至在他三岁时就去世了。三十岁时,郑板桥作《七歌》之二追忆道:"我生三岁我母无,叮咛难割襁中孤。登床索乳抱母卧,不知母殁还相呼!儿昔夜啼啼不已,阿母扶病随啼起。婉转噢抚儿熟眠,灯昏母咳寒窗里。呜呼二歌兮夜欲半,鸦栖不稳庭槐断。"年幼的孩童,对于抱病在床、气息奄奄的母亲所受的病苦毫无所知,夜夜啼哭不止。面容枯槁的母亲彻夜咳嗽,哄着孩子入眠。血泪真情,乃至而立之年,回想到幼儿时期的丧母之痛,不免痛心疾首。在生母汪夫人死后,父亲郑之本续娶了郝氏,郝氏对郑板桥还是疼爱和照顾的,除了继母郝氏,还有他的叔父省庵。郑板桥对后母和叔父的抚育一直铭记在心,他在《七歌》中写道:

无端涕泗横阑干,思我后母心悲酸。十载持家足辛苦,使我不复忧饥寒。时缺一升半升米,儿怒饭少相触抵。伏地啼呼面垢污,母取衣衫为湔洗。呜呼三歌兮歌彷徨,北风猎猎吹我裳。

有叔有叔偏爱侄,护短论长潜覆匿。倦书逃药无事无,藏怀负背趋而逸。布衾单薄如空囊,败絮零星兼卧恶。纵横溲溺漫不省,就湿移干叔夜醒。呜呼四歌兮风萧萧,一天寒雨闻鸡号。

但后母在嫁入郑家仅十年后也去世了,这是郑板桥第二次失去母亲,人生遭遇两次丧母之痛,其惨然可想而知。在他的一生中,真正给予他母爱,与之朝夕共处的,就是当年陪着侍奉汪夫人到乡下生产的侍女费氏。

说是乳母，事实上和今天说的"奶妈"有所不同，四岁的幼童也早已过了哺乳期，妇人费氏只是专门带养小板桥的。但郑板桥以"乳母"相称，其实是为了报答和怀念费夫人对自己付出的母爱恩情，费氏对小板桥所倾注的心血以乳母相称实不为过。郑板桥在《乳母诗序》中追溯，费夫人原是郑板桥奶奶蔡太孺人的侍女。在四岁生母去世后，便一直由费氏抚养。那时正逢荒年，而家境衰败的郑家也已经是揭不开锅。为了报答郑家老祖母对自己的主仆恩情，费夫人平时自己回家吃饭，但仍然来郑家帮忙干活。每天早晨，她背着年幼的郑板桥到集市上，用铜钱买一个烧饼，放在他的手中，然后才去做别的家务事。有时候遇到有鱼、瓜果这些难得的好吃的，费夫人一定先给郑燮吃，待他吃过之后，才带回给自己的丈夫和儿子。几年下来，天天如此。而慢慢地，费家的经济情况也越来越入不敷出了。迫于生计，费氏的丈夫打算到其他的地方谋生。费氏也不敢说什么，但是脸上却常常挂着泪痕。临走前，她取来老祖母的衣服缝补浆洗，把水缸里贮满水，又买了好几捆柴火放在灶头，料理好这些日常琐事，过了一会儿悄悄地离开了。

早晨小板桥又像平常一样，寻他的乳母。走进费氏的房间，却发现空空如也，破烂残旧的床和桌子像往常一样摆在那里，只有灶台是温热的，饭和菜好好地温在锅里，这些都是费氏平常喂给小板桥的。年幼的孩童也觉察到了慈母的离去，不免痛哭流涕，吃不下饭。

这样一份恩情虽然源于最初费氏作为一个仆人对郑家老祖母的报恩，可能也源于对教书世家的敬重。但费氏对于年幼丧母的小板桥如慈母般疼爱，却是质朴而纯粹的。对于家境日薄西山的郑家来说，很可能他们之间早已没有物质上的经济来往，不然也不至于出走他乡，但这更是一种底层社会百姓之间互相同情、相濡以沫。当费家的生活来源枯竭，无奈要与丈夫一起出走兴化，另谋生路时，费氏不忘的是小板桥，这种天然而伟大的母爱让她不愿离开，暗自垂泪，她所能做的还是如往常一样，把家务琐事全都妥当处理好，只有以这样一种平淡无奇的方式来表达自己的心情。

庆幸的是，三年后，费氏又回来了。或许是为了弥补这三年的缺憾，像补偿似的，费氏更加细心服侍板桥家的老祖母，对小板桥更是关爱备至。费氏一家后来居住在郑板桥家，达三十多年之久，直到她去世。费氏回来后的第二年，她的儿子便当上了操江塘塘官，考取了一个小小的功名，多次要把母亲接过去照料，但费氏却一直没有去，因为她舍不得郑板桥，也舍不得老祖母。虽然血缘上没有任何关联，但费氏对于郑家来说，情深胜似家人。郑板桥后来父亲病逝，接着继母去世，后又丧妻，这些接二连三、接踵不停的巨大痛苦，费夫人也定然给予了郑板桥母亲般的宽慰。

当郑板桥考取了进士，她的喜悦可想而知："我抚养的小主人终于考取了功名，有了出息，我的儿子又当上了八品官，我还有什么不满足的呢！"最后无疾而终，安然辞世。

但郑板桥在四十五岁时怀念起费夫人，却感到由衷地惆怅和遗憾。年幼无知的孩童能够成长至今，长大成人，不都是由这位普普通通的妇人所赐予的吗？四十四岁才考取进士，已不年轻，富贵功名为何对于他来得如此之慢，黄泉路上不等人，如果能够早一些的话，岂不是更好地赡养这位对自己恩如舐犊的老妇人。纵然现在有"食禄千万钟"，但却不如童年时候费夫人在集市上给自己买的一块烧饼。相比苦苦追求而得的功名富贵，却抵不过费夫人在年幼时候给自己心头带来的温暖。

幼年遭遇的磨难，对郑板桥后来的世界观产生了潜移默化的作用。后来郑板桥对民间幼儿问题，极为敏感。他几篇有名的作品《孤儿行》、《后孤儿行》、《姑恶》都是与此有关。

《孤儿行》讲述的是一个悲苦的故事。小小幼童失去父母，沦为孤儿，却又遭受到叔婶的虐待，致使最后孤儿被贼杀害。在鞭笞无情的叔婶对孤儿的摧残和迫害的同时，也揭露了官府的昏庸腐败。这是一篇令人饱含苦楚和同情的作品，没有对孤儿的深切同情，没有对孤儿的了解和某种体验，是不能写出这样感人泣涕的诗篇的。

  过早丧母，让郑板桥对母爱之情极为珍惜。推己及彼，他大为歌颂对母亲孝敬的人，在《李氏小园》中，郑板桥塑造了一家母子三人相依为命的故事，即是为了歌颂母爱，也是自怜童年丧母的悲痛。幼年便遭受了如此悲惨的经历，很可能造就了郑板桥自幼便十分敏感的艺术家的心，也塑造了他后来执政爱民、同情百姓的民本思想。

第二章

读书填词：书画脱颖有天赋

小板桥幼年时的生活是贫苦的，郑家虽然此时已经家道衰败，但却很好地延续了传统的兴文重教的传统。从幼年时期开始，郑板桥就受到了得天独厚的启蒙教育，先后随父亲、外公、家乡名人陆震学习诗书，打下了良好的基础。

第一节 家学熏陶下的启蒙教育

> 父立庵先生，以文章品行为士先。教授生徒数百辈，皆成就。板桥幼随其父学，无他师也。
>
> ——《板桥自叙》

小板桥幼年时的生活是贫苦的，郑家虽然到这时经济上已经十分贫困，但却保持了中国古代良好的重教传统。从幼年时期开始，郑板桥就受到了得天独厚的启蒙教育。

由于需要经常客居他乡，在其他地方的私塾教书，父亲郑立庵可能不是十分慈爱的严父，却是一位教学有方的良师。郑板桥六岁多，就被他带进自己的教学课堂，跟班就读，以图能够让儿子耳濡目染，培养小板桥的读书兴趣。待板桥稍微长大一点后，又将小板桥托付给当地名士陆种园先生，请他倾囊相授。陆先生对郑板桥的一生影响极大，被郑板桥视为自己的偶像。

郑板桥父亲的弟弟，也就是小板桥的叔叔，郑省庵也对童年时的小板桥影响不小。省庵叔叔成家较迟，父亲又常常"傍人入门度春秋"，时时离家在外，所以叔叔便带着小板桥同吃、同睡、同玩耍，亲如父子，情如兄弟。寒冬腊月的季节，小板桥却常常尿床，单衣破被，本不足耐寒，被小孩子这么一尿，又不能烤干，那种寒冬半夜，潮湿又冰冷的感觉肯定让人难以忍受。但是省庵叔叔却从未怪过小板桥，反而帮他将湿了的地方焐干，可谓是"护短论长潜覆匿"，从这些生活细节上，可见叔叔对侄子的疼爱，两人又是在同一屋檐下相依为命，从某种意义上来说，省庵在哥哥外出教书的时候，给侄子小板桥扮演了父亲的角色。

　　如前文所讲，郑板桥虽然幼年丧母，但幸运的是，还好有一名慈爱的妇人费氏给予了他深深的母爱，而费氏对于小板桥的影响，也是多方面的，不仅仅在生活方面。在郑板桥的墨竹画作名震全国之后，曾写下了这样一段著名的题画文字。

　　余家有茅屋数间，南面种竹，夏日新篁初放，绿阴照人，置一小榻其中，甚凉适也。秋冬之际，取围屏骨子，断去两头，横安以为窗棂，用匀薄洁白之纸糊之。风和日暖，冻蝇触窗纸上，冬冬作小鼓声。于时一片竹影零乱，岂非天然图画乎！凡吾画竹，无所师承，多得于纸窗粉壁日光月影中耳。（郑板桥雨后春笋图屏风）

　　竹子在中国南方是一种十分常见的植物，品种众多，历代文人墨客对竹子这种刚直挺拔的植物情有独钟，竹子在老百姓的生活中被做成各式各样方便生活实用的竹器、篾器，南方等地从来都有大范围种植竹林的习惯。

　　郑家虽小，但在堂前园中都种了竹子，小板桥从小便与竹园为伴，一年四季都生活在这凤尾森森，龙吟细细的环境之中。像题画文字中写到的那样，秋冬交替之时，乳母费妈妈用旧的围屏做成窗棂，糊上白纸后，可以透光，还能防风御寒。小板桥在窗下读书时，阳光透过竹林，穿过白窗投到桌子上的斑斑驳驳的竹影，不正是一幅天然的水墨竹画吗。日光满屋，风吹影动，这幅大自然造就的墨竹图画常常又摇曳多姿，变化出不同的姿态。这幅大自然的杰作吸引了聪慧过人的小板桥，孩童越看越有趣，时不时用笔在窗纸上将竹影勾勒下来，这样就真的成了墨竹画了。郑板桥一生对画竹的偏好和在墨竹画作上所取得的艺术成就，谁能想到竟是萌生在费氏对孩童的疼爱，为他制作的遮阳白窗背后，投下的斑斑竹影之中呢。

郑板桥在《板桥自叙》一文中还提到了自己的外祖父汪诩文："板桥文学性分，得外家气居多。"这里的外家气，指的是郑板桥的外公汪诩文。如前文所讲到的，汪诩文是兴化当地的名士，可能是由于对满清异族统治的仇恨，他饱读诗书，却不愿出门入仕。因为欣赏同乡的小伙子郑立庵勤奋好学，不吝对方家中贫寒，将自己的独生女嫁给了他。谁知天有劫数，女儿才生下小板桥几年便病逝了。在女儿去世后，他悉心指导小板桥的诗词歌赋，倾力将自己一生所学给予自己的小外孙，希望孩子能够茁壮成长，出人头地。

郑板桥的童年生活是悲苦的，但却得到了来自亲人、朋友各方面的关心和爱护。这位书画奇才一生的艺术旅程，便在这幼时所受的文学和艺术的熏陶之下，开始了。

第二节 师从陆震,孜孜以求

种园先生是吾师,竹楼桐峰文字奇。
十载乡园共游憩,壮心磊落无不为。
二子辞家弄笔墨,片语干人气先塞。
先生贫病老无儿,闭门僵卧桐阴北。
呜呼七歌兮浩纵横,青天万古终无情!

——《七歌》

这首《七歌》写于郑板桥三十多岁时,上述中的只是其中记述恩师陆震的片段。当时已至而立之年,三十岁在中国传统文化中对于男人有着特殊的意义。而在功名道路上,郑板桥却只考取了一个小小的秀才,画作也还未曾得到世人的关注。其时,郑板桥一生的恩师陆种园先生已经是贫病交迫,孤老无依,僵卧草榻,郑板桥欲援无力,无奈中,他写下了"呜呼七歌兮浩纵横,青天万古终无情"这样满含悲愤和心酸之笔。

陆种园，名震，字仲子，号种园，又号榕村、北郭生。是兴化出类拔萃的词人。据《兴化县志·文苑》记载，陆震"少负才气，傲睨狂放，不为龌龊小谨。宋冢宰荦，巡抚江南朝以大器。震淡于名利，厌制艺，攻古文辞及行草书。贫而好饮，辄以笔质酒家，索书者出钱为赎笔。家无儋石储……诗工截句，诗余妙绝等论。郑燮从之学词焉"。

陆震一生潦倒，但贫而好饮。且"少负才气，傲睨狂放"。经常鬓插鲜花，佯狂放歌，醉漂街头，他常常将斗笔质押在酒肆中，待有人求字时，则先替他赎出笔来。家无余粮，却又重情好义。一个朋友被官债逼得走投无路时，他竟毫不犹豫地拿出祖传的珍贵字画，让友人质押还债。那是他先祖陆容奉旨出使朝鲜时，方孝孺等人的赠行诗卷，名人真迹，价值连城。可事后，这位朋友却将这卷海内孤本丢失了。又愧又恨，无颜见陆震。陆震闻知，竟嗬嗬大笑，爽朗地说"甑已破矣"！与友相处如初。相传他是明朝道教东派之祖、《封神演义》作者陆西星的后裔。陆震沿袭着父辈淡泊名利的风格，同时背负着对满清异族统治的仇恨，清初巡抚宋荦曾慕名招贤，被陆震拒绝。陆震一生精攻诗古文辞和行草书，是很有名的诗词家、书法家。他的词作丰厚、绝妙等，为名家所称道。但由于贫而无子，无力付梓，大多著作散佚，无法留世。

这是一位放荡不羁、恃才傲世的传奇人物。跟随陆震学词、交游，是郑板桥一生中的重要一环。人们常说板桥词好于诗，其中得益于陆震多矣！郑板桥在自己的文集中特意收进了陆震的两阕词《赠王正子》、《吊史阁部墓》。并在《板桥词钞·序》中云："陆种园先生讳震，邑中前辈。燮幼从之学词，故刊刻二首，以见一斑。"有两首郑板桥年轻时候写的词便与陆震的风格极为相仿，约是他二十多岁写成的，那就是《贺新郎》二首。第一首是这样的："掷帽悲歌起，叹当年父母生我，悬弧射矢，半世销沉儿女态，羁绊难逾乡里。健羡尔萧然揽辔，入幕高就。"

第二首的情绪更为高涨。

独有难忘者，宁不见慈亲黑发，于今雪洒。检点装囊针线密，老泪潺湲而泻，知多少梦魂牵惹。不为深情酬国土，肯孤踪独骑天边跨？游子叹，关山夜。颇闻东道兼骚雅，最羡是峰峦十万，青排脚下。此去唱酬官阁里，酒在冰壶共把，须勖以仁风遍野。如此清时宜树立，况鲁邹俗非难化，休沉溺，篇章也！

祖国山河雄壮，呼唤人才降世，同窗情谊，劝君努力。气度苍凉，气魄宏大，情深词切，真可与陆师之词媲美。

事实上，不仅仅是陆震的才学，给予了郑板桥诗词创作上的进步，陆震"傲睨狂放"的性格甚至影响了郑板桥的为人处世。也不难看出在后来郑板桥成为"扬州八怪"的怪事趣闻中，有着不少恩师陆震的影子。

根据《任谱》的记载，一般认为，郑板桥是从二十岁开始跟随陆震学习。但也有学者认为，根据上述《板桥词钞·序》所云，二十岁已非幼年，可见学词并非是从二十岁才开始的。板桥也曾提到过"少年游治学秦柳"，在《板桥自叙》中，郑板桥还写道："燮作词四十年，屡改屡阕者，不可胜数。"《自叙》写于板桥五十多岁时，往前推四十年，也应该是十多岁的少年时期。

陆先生豪放不羁，随性自然，朋友众多，不少是当地的一些志同道合的饱学之士。他们经常带着学生们结伴游山玩水，品论诗作，好不快活。郑板桥在六十多岁时，还在《李约社诗集序》中写道："康熙间，吾邑有三诗人，徐公白斋、陆公种园、李公约社。徐诗颖秀，陆诗疏荡，李诗沉著。三君子相友善，又互为切磨琢切，以底于成。徐则诗之外兼攻制艺，陆又以诗余擅场，惟约社先生专治诗，呕心吐肺，抉胆搜髓，不尽不休。燮以后辈，从徐陆二公，谒约社于家。其时海棠盛放，命酒为欢。三公论诗，虽毫黍尺寸不相假也。是后燮薄游四方。三君子相次下世。及归，无一存者。"这样的长者和师辈让郑板桥受益终身，耳顺之年时回忆起这段时光，字里行间，流露出郑板桥对这些恩师前辈们的由衷怀念和诚挚感激。

除了课堂上的教学之外，陆先生还常常带着学生出外交友，游学。对于这段经历，郑板桥也是十分怀念的。有一次，陆种园带着学生们去郊游踏青，路过一条青石板小桥时，忽见桥下有一具女尸半浮在水面。

陆种园看见陌生少女浮尸痛惜生情，当场赋诗道：

二八女多娇，风吹落小桥。
三魂随浪转，七魄泛波涛。

郑板桥听到后，笑着对老师说："种园先生差矣。先生您不认识这位娇娘，何以知她芳龄十六呢？又如何知道她被风吹落河中的？先生是如何看出她的三魂七魄在随波漂浮呢？"

陆先生随口之作，马上就引来学生三个问题，一时不知道如何对答为好。

郑板桥略加思索，随口改陆诗道：

谁家女多娇，何故落小桥。
青丝随波转，粉面泛波涛。

陆种园一看，虽然只是改掉了每句开头两字，但却恰到好处，惋惜之情一跃而至，更为深切，不禁为学生的佳作拍手称好。

跟随陆先生学习的同时，郑板桥也结识了一班同辈的学友。如"十载乡园共游憩，壮心磊落无不为"的王竹楼、顾桐峰等辈，又如徐宗于、陆白义等人。他们一同学习，一同交游，年少气盛，锋芒初露，谈古论今，毫无顾忌，无拘无束，何等惬意。

在跟随父亲、老师、同学学习时，郑板桥也一直不忘练字。笔法，写字是当时读书人的基本功。郑板桥在青少年时期就受到严格的训练。郑板桥模仿和学习钟繇、王羲之、赵子昂等名家的楷书，特别是赵子昂和董其昌的"帖学"，郑板桥写得精妙不凡。同时在隶书上也很有研究，精于碑学，"字学汉魏，崔蔡钟繇，石碑断碣，刻意搜求。"（《署中示舍弟墨》）可见郑板桥在书法方面广涉名家，功夫扎实。

对于当时的读书人来说，楷书帖体、馆阁体是人人必学，用于考试的，楷书行文修长，字体工整清秀。还有一种是行书，往往比较个性潇洒，用于亲友间的私人信件、交流，等等。另外一种则是处于萌芽时期"非书非画"的板桥体。

郑板桥常常戏称自己的书法为"六分半书"。他其实是根据自己的所学，综合了名家的书法长处，将汉隶和楷书结合，用上行草的笔意，偶尔用篆体来修饰，再参入以兰竹笔意创作的一种字体。由于隶书古称"八分"，板桥以隶书为基础，再融入自己在绘画方面的技巧，进行变化，比八分少了点，就戏称为"六分半书"。郑板桥的"六分半"字体在后来闻名于世，这完全源自他在青少年时期的求学中，精通各体后，结合自己的风格，推陈出新的结果。为了考取功名，像那个时候的莘莘学子无疑，青少年时代的郑板桥还得孜孜不倦地攻克楷体。

在跟随陆种园学习之前，郑板桥还曾随父亲的教馆迁徙，到真州毛家桥读书。真州即现在的江苏省仪征县，毛家桥在县城东北三十五里的长江边上。郑板桥曾在《题画·竹》中记叙道：

余少时读书真州之毛家桥，日在竹中闲步。潮去则湿泥软沙，潮来则溶溶漾漾，水浅沙明，绿荫澄鲜可爱。时有鯈鱼数十头，自池中溢出，游戏于竹根短草之间，与余乐也。未赋一诗，心常痒痒。今乃补之曰：风情日午千林竹，野水穿林入林腹。绝无波浪自生纹，时有轻鯈戏相逐。月影天光暂一开，青枝碧叶还遮覆。老夫爱此饮一掬，心肺寒僵变成绿。展纸挥毫为巨幅，十丈长笺三斗墨。日短夜长继以烛，夜半如闻风声、竹声、水声秋肃肃。

年幼的小板桥很可能早已忘记了"随其父学"到底学了些什么东西，但他却记住了毛家桥山林野竹的模样，记住了水竹连天，怡情养性的感受。这或许也是一名天才画师所拥有的独特感观天赋所使然，当他后来起笔泼墨作画时，毛家桥的水竹林，是他心头一汪永远的青翠。

郑板桥后来在《署中示舍弟墨》中提到自己是"学写不成，去而学画"。可见他在青少年时期，书画是同时学习的。自小时候对窗户纸上的竹影感兴趣时，郑板桥就拿出纸笔来临摹、勾画。就在青少年时兰竹画风刚刚起步时，兴化本地的一个大画家，名传天下的李也辞官回家了。李也的画作以"花卉翎羽虫鱼皆妙诀，尤工兰竹"，明丽清新，形神皆备，人们称赞他的画"求画必曰复堂"。回家后以卖画为生，门庭若市，更有多处慕名而来的年轻人来此求学。小板桥对这位同乡的名画师极为崇敬，他常常将自己的兰竹与李也的比较，他觉得李也的画笔精墨妙，自己的却是"家数小小"。朋友都建议他要向李也模仿学习，但郑板桥却我行我素，坚持自己的风格。想不到有一天，李也看到了郑板桥的画作，感到十分惊喜，称赞年轻的郑板桥"是能自立门户者"。年纪轻轻就能够得到名师赏识，脱颖而出，可见郑板桥的绘画天才的确非同一般，据说当时他的画作甚至可以"日卖百钱，以代耕稼"了，但他并非一门心思扑在了绘画上，像所有的书生一样，他还孜孜不倦地追求"桂影功名"，熟读四书五经，准备科举考试。

第三章

四处游历：生计艰难父病故

家境贫困、生活不易，功名难得。二十出头的郑板桥才落得一个秀才的名头，为了生计，教馆谋生，客居扬州。现实中的落拓失落让他外出云游，将心中的不悦寄托于壮美山河之间。

第一节 青年婚恋时光

贫士多窘艰，夜起披罗帏。徘徊立庭树，皎月堕晨辉。
念我故人好，谋告当无违。出门气颇壮，半道神已微。
相遇作冷语，吞话还来归。归来对妻子，局促无仪威。
谁知相慰藉，脱簪典旧衣。入厨燃破釜，烟光凝朝晖。
盘中宿果饼，分饷诸儿饥。待我宝贵来，鬓发短且稀。
莫以新花枝，诮此蘼芜非。

——《贫士》

贫士生活窘迫，夜不能寐，夜半起来掀开帷帐。在庭院的树下徘徊，看到皎洁的月亮渐渐在晨光熹微中落下。如果向从前的好友求助的话，可以得到朋友的帮助吧，出门的时候还觉得很有把握，可是中途又狐疑、犹豫起来。相见后说话冷淡，借贷的话没敢说出口就回来了。回来后面对妻子，局促得坐立不安。不料妻子却好言安慰，并典当簪衣以解眼前困境。下厨烧起破锅，在晨光中点燃了柴火。剩下的食物先分给几个儿子充饥。等到我考取功名，妻子也老了吧。到时候一定要好好对她，千万不能喜新厌旧。

在《贫士》这首诗中，郑板桥描绘了一名贫士的生活窘况以及和妻子患难与共、牛衣对泣的婚姻生活。其实这首诗中的贫士，正是指的作者自己，贫士的妻子就是郑板桥的结发之妻徐氏。

康熙五十四年，郑板桥结婚成家了，这一年他二十三岁。郑板桥和徐氏结合，标志着他少年时期的结束，古人二十成年，成婚意味着新的人生起点。但这时候的郑板桥却几乎穷困潦倒，谋事不成，随波逐流。继而又是十年的卖画生涯。徐氏在雍正九年，郑板桥三十九岁时去世，他们在一起度过的十六年时间里，几乎未曾过上安稳的日子。但就是在这样的艰难困苦中，徐氏仍然对这个家庭，勤俭持家，安贫乐道，毫无怨言，正如《贫士》一诗中描述的那样。

在事业上，妻子对郑板桥的支持也是很大的。"荆妻拭砚磨新墨，弱女持笺索楷书"。妻子磨墨，小女持纸，真是一幅绝妙的天伦之乐的画面，也反映了他们苦中作乐的生活态度。正由于夫妻两人虽然贫苦交加，但是却心心相印，患难同心，当徐氏去世后，郑板桥常常感到十分悲痛和怀念。

徐氏去世后第二年，郑板桥去南京考乡试。考完后，游历了杭州，写下了《韬光》一诗，感到事业无成，妻死子夭，顿时感到万念俱灰。诗中写到的"我已无家不愿归"的迷惘心情透露出他出离尘世的悲观情绪。当得到中举的消息时，郑板桥更是百感交集。十六年夫妻生活，丈夫没有给妻子带来多少物质上的享受，生活除了贫困之外一无所有，如今终于中了举人，本想以此报答妻子，可谁承想，人去楼空，唯有对着妻子的坟头空叹。人鬼相隔，咫尺千里，此情此景，甚是无言。郑板桥唯有以诗感慨道："何处宁亲惟哭墓，无人对镜懒窥帷。"后来郑板桥又迎娶了郭氏，但从他写给四弟的信中来看，两人的感情很一般,无法和他与徐氏之间的同甘共苦相比。

而在郑板桥结婚之前,在他的少年时代还有一位青梅竹马的表姐,可说是他少年时代朦胧的初恋。这份少男少女之间的一段难能可贵的感情,是纯真的,也是刻骨铭心的。郑板桥十分珍惜这段初恋,后来在自己的词作里做了情真意切的记录,充满了凄苦的依依之情。

竹马相过日,还记汝云鬟覆颈,胭脂点额。阿母扶携翁负背,幻作儿郎妆饰,小则小寸心怜惜。放学归来犹未晚,向红楼存问春消息。问我索,画眉笔。廿年湖海长为客,都付与风吹梦杳,雨荒云隔。今日重逢深院里,一种温存犹昔,添多少周旋形迹!回首当年娇小态,但片言微忤容颜赤。只此意,最难得。

还记得那时候我们还小,我们骑竹为马相嬉戏。我还记得你一头乌黑亮丽的长发,用胭脂红点在额头正中。父母亲带着你,假作男孩子的打扮,我虽然年幼,也有一颗怜爱你的心。放学之后,常到你住的地方探试你对自己的情意。你还向我索取过眉笔。二十多年漂泊江湖,我们再也没有见过面,这份感情也早已风吹云散。今天重逢,旧时温柔体贴之意虽存,但无形中似增添了一种应付之感,不像昔日的纯真了。回想起你小时候的样子,一句话不合心意就生气得脸发红,只有那个时候的你最可爱。

这就是词作《贺新郎·赠王一姐》,这位王一姐就是郑板桥儿时青梅竹马的初恋。在郑板桥的其他词作中还有一些这名女子的记述。

中表姻亲,诗文情愫,十年幼小娇相护。不须燕子引人行,画堂到得重重户。颠倒思量,朦胧劫数,藕丝不断莲心苦。分明一见怕销魂,却愁不到销魂处。
(《踏莎行·无题》)

  盈盈十五人,惯是将人恼。撩他花下去围棋,故意推他劲敌让他欺。而今春去花枝老,别馆斜阳早。还将旧态作娇痴,也要数番怜惜忆当时。(《虞美人·无题》)

  两首词作都讲到"回忆当时",都以"无题"为名,多多少少都在记忆中追寻王一姐的影子。王一姐的母亲是郑板桥的姨母,王一姐应该就是他的表姐。这个母亲并非郑板桥的生母,而是后母郝氏。年幼时,郝氏有时候带小板桥回乡,便遇到了这位表姐。后来郝氏去世,小板桥也很少再去郝家庄,王一姐也变成了"心事终虚话"。

  年少纯情最为真诚,二十多年后重逢,昨日音容如初,只可惜时光如流水,几十年云山相阻,风凄霜厉,生活艰苦,两人都已经老去,各自成了家室。偶然相逢,虽然亲切的感觉仍在,但却有了隔膜,不像往日一般纯真。这段纯真的恋情,也许只是暗恋,留下的却是刻骨的相思与终生的遗憾和悔恨。

第二节 重回真州,教馆谋生

诗去将吾意,书来见尔情。三年俄梦寐,数语若平生。
雨细窗明火,鸦栖柳暗城。小楼良夜静,还忆读书声。

金紫人间事,缥缈我辈需。闲吟聊免俗,极贱到为儒。
妙墨疑悬漏,雄才欲唾珠。时时盼霄汉,待尔入云衢。

不舍江干趣,年来卧水村。云揉山欲活,潮横雨如奔。
稻蟹乘秋熟,豚蹄佐酒浑。野人欢笑罢,买櫂会相存。

——《寄许生雪江三首》

《寄许生雪江三首》诗大约写于郑板桥离开真州几年之后。真州虽小,但对于郑板桥来说是一个特别的地方。幼年时,小板桥曾经随着父亲到真州毛家桥读过私塾,数十年后,郑板桥早已不是当年幼童,再回真州故地,心情也不像儿时那般轻松，他为的是在这里谋一份教馆先生的卑职。

在这三首诗中，我们可以看到郑板桥对师生友谊的回忆，对许生的期盼和鼓励，对当年教书生活的回忆，也有许多对当地山光水色，风俗人情深深的怀念。

此前，郑板桥青少年时期的读书生活持续到二十多岁时，古人二十岁为成年，在郑板桥二十三岁时，他只身一人前往了燕京。首次燕京之行，郑板桥从未在诗文中提及原因，这或许是一名初出茅庐的年轻人，第一次外出认识世界吧。同时代的读书人，考取功名是唯一的出路和成就。而对于刚刚成年的郑板桥来说，前途如何，尚且是未知数，他这次远赴燕京之行，也可能是为了将来的科举考试打探行情。

初入社会，走在燕京车水马龙、人头攒动的街道，内心的兴奋和迷茫对于一个毛头小伙来说可想可知。以偏远小镇出生的穷苦青年，贸然来到偌大的京城探险寻踪，当时他留下的欧阳修的《秋声赋》墨迹很能代表他的心情感受。他在小跋中写道：

乙未九秋，山中寻菊，感黄叶之半零，望孤云而不返；残阳水面，渺渺寒涛；古寺山腰，凄凄晚磬；栖鸦欲定而犹惊，凉月虽升而未倾。偶翻欧赋，遂录是篇。讽咏未终，百端交集。村醪数盏，任凉露之侵衣；清梦半床，听山鸡之送晓。聊书所历，有愧前贤。

行走他乡，内心凄然，百感交集，从这些文字中看来，虽然没有遇到大风大浪，但也应该是一无所获，凄凉而归。但这么走一遭，也可能让郑板桥对社会有了一个粗浅的认识，仕途之路也可能并非那么美好和一帆风顺。回到家乡，等待他的是现实且无法逃离的生活。完婚，生子，讨生，他需要为家庭做些什么了。

二十五岁时，妻子徐氏为郑板桥生下了一对儿女，叔叔省庵家里也生下了堂弟郑墨。随着家中人口增多，现实生活问题在家道衰败的郑家更是严峻了。"教馆本来是下流，傍人门户度春秋"。从郑板桥的诗中来看，对于私塾先生这一份差职，他是很不情愿的，但迫于生计，毫无办法。在这样一种矛盾的心理下，郑板桥开始了他短暂的教书生涯。

郑板桥最初教书的地方是故乡兴化竹泓港，得胜湖东，管阮庄西。这里有郑家同族十多家，是郑家书带草堂一些族人的聚居点。郑板桥在这里的时间不长，一年后便离开了。他前往了真州的江村，而非幼时读书所在的毛家桥。根据《重修仪征县志》记载："江村，在游击署前，里人张均阳筑。"这里是一个"占山水之胜"的好地方。郑板桥在这里的富户张家自办的私塾里当老师。一年下来，管吃管住，年终还有一定的薪水，学生大多以东家的子弟为主，也有一些亲戚和邻家子弟就读。

贫苦书生，寄人篱下，郑板桥在这里深深地感到窘迫不安。在《村塾示诸徒》一诗中，他写道：

飘蓬几载困青毡，忽忽村居又一年。
得句喜拈花叶写，看书倦当枕头眠。
萧骚易惹穷途恨，放荡深惭学俸钱。
欲买扁舟从钓叟，一竿春雨一蓑烟。

"萧骚易惹穷途恨，放荡深惭学俸钱。"是彻头彻尾的窘迫和无奈教馆生活写照。这是郑板桥第一次独立地面对人生和社会，以此谋生，还要处理好各类人际关系。如果说之前他是一直在四书五经的象牙塔中学习，那么这一次则是不得不硬着头皮来啃读社会这本大书。

他在后来所写的另外一首《教馆诗》中记述到了当时的生活琐事。

教馆本来是下流，傍人门户度春秋。
半饥半饱清闲客，无锁无枷自在囚。
课少父兄嫌懒惰，功多子弟结冤仇。
而今幸得青云步，遮却当年一半羞。

教馆的生活是相当清苦的，平时并无报酬，只管吃住，囊中羞涩可想而知。虽然很清闲，但是也好似无形的枷锁，限制住了他的自由。如果课程设置少了，东家会觉得是先生想偷懒；如果课程设置多了呢，又会得罪到这些读书的小主人。对于不会圆滑世故的年轻书生来说，这真是高低难就。

郑板桥依然我行我素，他喜欢和学生们畅谈，慢慢地，有些弟子倒是成为了他的知心朋友，给他带来了一些欢乐，这在本节开头的《寄许生雪江三首》诗中，可以感受到。

在教馆期间，郑板桥所写的一些诗也反映了他这段时期的烦闷和苦中作乐。比如《晓行真州道中》。

僮仆飘零不可寻，客途长伴一张琴。
五更上马披风露，晓月随人出树林。
麦秀带烟春郭迥，山光隔岸大江深。
劳劳天地成何事，扑碎鞭梢为苦吟。

这首诗大约是写在从兴化奔赴江村教馆的途中。郑板桥只身一人以琴为伴，五更上路，行路虽苦，但是心情很好。一路走来，山光烟水，麦苗村郭，引得诗人诗兴大发，不禁吟起诗来。有时候又不甘心于现实生活的"穷途恨"，便来到河桥酒家畅饮，醉后意起，提笔泼墨，以发情志。

但教馆生活未必只有单调乏味的教书一事，与学生们的交往也慢慢地有趣起来，而真州的风土人情也随着时光的流逝，慢慢地浸染到郑板桥的生活之中。

郑板桥渐渐在江村结识了一班诗友。如米旧山、方竹楼、吕凉州等真州诗界的名流，他们与郑板桥大多个性接近，大家一同结伴，畅游豪谈，交往甚密。后来郑板桥老年从山东辞官回家后，六十六岁时还再一次回访真州，重访江村，留下了十几首诗词，以表达对这些故友的追忆。在《真州杂诗》中，他对真州不吝其词，大加歌颂，仿佛故地是一名多年不见的老友，偶然重逢，喜不自胜。他喜爱那里的文物古迹："雪中松树文山庙，雨后桃花浣女祠"；他怀念那里的农家风物："村中布谷县中啼，桑柘低檐麦垅齐"；他热爱那里的风俗人情："昨夜村灯鱼藕市，青帘醇酒见人情"；他仰慕那里的人杰地灵："真州漫笑弹丸地，从古英雄尽往还"；他想念那里的亲朋挚友："清兴不辜诸酒伴，令人忘却异乡情"……辞官回家，一身轻松，故地重游，挚友重逢，好不幸甚。虽然郑板桥在真州生活的时光并不算长，但在众多辞藻之间，可以感受到他对这块地方的深深眷恋，真州好似郑板桥的第二故乡。

真州江村清秀山水也激活了郑板桥的艺术细胞，陶冶了郑板桥的书道画艺。毛家桥的水竹是和童年有关的画卷，江村的竹林在年轻画师的眼中，又是另外一番动人的姿态。

江馆清秋，晨起看竹，烟光日影露气，皆浮动于疏枝密叶之间。胸中勃勃遂有画意。其中胸中之竹，并不是眼中之竹。因而磨墨展纸，落笔倏作变相，手中之竹又不是胸中之竹也。总之，意在笔先者，定则也。趣在法外者，化机也。独画云乎哉？（《江馆清秋》）

教馆立于江边，每逢清秋之时，便会早起看竹。这时候，烟光、日影、露气，都在疏枝密叶之间漂浮流动。胸中的情致也随之涌动，作画的意念在心中起伏。这时候，在脑海里展现的竹子早已不是眼前所看到的竹子了。于是赶快取砚磨墨，展开画纸，乘兴落笔，尽情挥毫，迅即呵成一幅幅图画。这时候，画笔下的竹子也早不是脑海中浮现的那般模样。竹子的意象产生在落笔之前，这是无可置疑的规律，但对竹子的喜爱，喜爱竹子的情趣却是永远游离在这规律之外了。全凭个人脑中运化便完成了竹画，难道仅只作画是这样的吗？

年轻时的郑板桥对竹景的感触和表达已经不是童年那般简单了，眼中之竹、胸中之竹、手中之竹三种意象的融会，最后成为笔下的图画。拜江村所赐，如此非凡不俗的体会和观察，对于后来郑板桥得以名世的竹画来说，是一块不可忽略的垫脚石，这也许就是郑板桥教馆生涯中最大的收获。

第三节 三十而立,生计依旧窘迫

郑生三十无一营,学书学剑皆不成。市楼饮酒拉年少,终日击鼓吹竽笙。今年父殁遗书卖,剩卷残编看不快。爨下荒凉告绝薪,门前剥啄来催债。呜呼一歌兮歌逼侧,皇遽读书读不得!

我生三岁我母无,叮咛难割褓中孤。登床索乳抱母卧,不知母殁还相呼!儿昔夜啼啼不已,阿母扶病随啼起。婉转噢抚儿熟眠,灯昏母咳寒窗里。呜呼二歌兮夜欲半,鸦栖不稳庭槐断!

无端涕泗横阑干,思我后母心悲酸。十载持家足辛苦,使我不复忧饥寒。时缺一升半升米,儿怒饭少相触抵。伏地啼呼面垢污,母取衣衫为浣洗。呜呼三歌兮歌彷徨,北风猎猎吹我裳!

有叔有叔偏爱侄,护短论长潜覆匿。倦书逃药无事无,藏怀负背趋而逸。布衾单薄如空橐,败絮零星兼卧恶。纵横溲溺漫不省,就湿移干叔夜醒。呜呼四歌兮风萧萧,一天寒雨闻鸡号。

几年落拓向江海,谋事十事九事殆。长啸一声沽酒楼,背人独自问真宰。枯蓬吹断久无根,乡心未尽思田园。千里还家到反怯，入门怛怩妻无言。呜呼五歌兮头发竖，丈夫意气闺房沮。

我生二女复一儿，寒无絮络饥无糜。啼号触怒事鞭朴，心怜手软翻成悲。萧萧夜雨盈阶阤，空床破帐寒秋水。清晨那得饼饵持，诱以贪眠罢早起。呜呼眼前儿女兮休呼爷，六歌未阕思离家。

种园先生是吾师，竹楼桐峰文字奇。十载乡园共游憩，壮心磊落无不为。二子辞家弄笔墨，片语干人气先塞。先生贫病老无儿，闭门僵卧桐阴北。呜呼七歌兮浩纵横，青天万古终无情！

天荒食粥竟为长，惭对吾儿泪数行。今日一匙浇汝饭，可能呼起更重尝！歪角鬏儿好戴花，也随诸姊要盘鸦。于今宝镜无颜色，一任朝光满碧纱。坟草青青白水寒，孤魂小胆怯风湍。荒涂野鬼诛求惯，为诉家贫楮镪难。可有森严十地开，儿魂一去几时回？啼号莫倚娇怜态，逻刹非而父母来。蜡烛烧残尚有灰，纸钱飘去作尘埃。浮图似有三生说，未了前因好再来。

——《七歌》

孔子曾经说过："吾十有五而志于学，三十而立，四十而不惑，五十而知天命，六十而耳顺，七十而从心所欲，不逾矩。"三十岁对一个传统的中国男人来说有着特殊的意义；三十岁，是一份事业将要蓬勃发展的年纪了。然而，三十岁的郑板桥非但没有什么事业，功名上所考取的一个小小的秀才离光宗耀祖的仕途之路还差得远，现在的他，就连谋生也是一个大问题，更不幸的是，父亲走了。

这一年，立庵公去世了。如同飓风刮倒的大树，顶梁柱的倾溃使得整个家庭更加地衰落下去了。这是郑板桥遭受的第二次重大的人生打击。三十岁，这是人生的第二大站，但是回想昨日，抚今追昔，郑板桥却感到痛苦和茫然。在残酷的现实面前，他只能长歌长啸，通过诗词来排解胸中的积郁。在极度的痛苦和苦闷中，他写下了这首夹杂着无尽的悲苦和无奈的诗章——《七歌》。

《七歌》一诗共有七章，诗的内容主要是郑板桥对自己三十年来的悲苦生活进行了回顾，是郑板桥一生著作中的重要诗篇。"七"这个数字，在文学诗词中似乎有着比较特殊的意义。"七歌"并非是郑板桥独创的。自从西汉作家枚乘写出《七发》，也就有了所谓"七体"。生在板桥之前的泰州大诗人吴嘉纪，就作有《七歌》。这位吴嘉纪与郑板桥的老师陆震是挚友，郑板桥还要人们拿他的诗与吴嘉纪做比较，自认为是超过了这位前辈的，无疑，他自己写的这首《七歌》是受了吴嘉纪启发的。

但两者的诗作却有着很大的不同。吴嘉纪是生活在清朝初年的明朝"遗民"。在朝代的变换中，他亲眼目睹了明朝的灭亡、清军的残暴和恐怖的大屠杀，虽然曾有过"立功天地，字养生民"的抱负，却不得不生活在异族的统治下，心中是极苦闷的。郑板桥出生于康熙三十二年，度过了清朝最繁华的康雍乾盛世，当时清朝早已经安定，社会相当繁荣，一切都又回归到了正常的状态，知识分子又得以重新安然地在新朝代的科举制度中去实现自己的人生梦想了。

但对于家道早已告别了昨日之繁盛的郑家而言，郑板桥三十年来的生活却满是悲苦和磨难。家庭贫困，家人离世，仕途不顺，总之，一事无成。他不善于处理人际关系，也不善于谋生自立。只好终日纵酒游玩，击鼓吹笙，完全没有了人生的目标。父亲去世，大厦倾灭，灶下绝薪，门前索债，就连父亲去世的安葬费用也得卖老人家的遗书来偿还。如果说之前的生活还能尚且温饱，现在是真正到了揭不开锅的时候了。

朋友们，老师们，能走的都已经走了，走不动的，却又病倒躺下了。年少时的影子早已不可追寻，昔日贫士论文，探幽访古的雅兴哪里还能找得到。三十而立，非但不立，郑板桥只能一个人怅然若失，孤独和凄凉像恶魂冤魄，久久不能消散。

困境给人带来的巨大伤害是痛苦的，但正如"危机"这个词所孕育的博大智慧一般，困境和危机，也可能给人带来转机和积淀。在遭遇这些困苦中，郑板桥更清醒地认识到了所生活的社会，迫切需要面临的人生抉择。

像普通人一样，在刚开始的时候，郑板桥也是很迷惘的。"市楼饮酒拉年少，终日击鼓吹竽笙"——这俨然就是一个浪子的形象。在满怀希望，开始起航的青壮年时期，郑板桥便接二连三地遭遇了这些挫折，他只好去寻求排遣，寻求自我麻醉，以获得短暂的心理解脱。这好在只是短暂的。

悲苦的三十年人生造就了他狂怪的个性。他是郑家的独生子，虽然早年丧母，但父亲、叔叔和乳母对他是极其疼爱的。后来跟随陆种园学习，陆先生狂放傲物的性格无疑深深地影响了小板桥。这样的狂放不是目中无人，而是一种倔强、刚强的个性化意识。虽然也曾寻找逃避现实的出路，但郑板桥面对逆境，更多的反应是抗争和不屈。他后来在《自叙》中写道："幼时殊无异人处，少长，虽长大，貌寝陋，人咸易之。又好大言，自负太过，谩骂无择。诸先辈皆侧目，戒勿与往来。"他的种种狂放不羁的风格，其实是一名生活在社会底层，却又不屈于这样平庸命运的读书人，并与之对抗的特殊方式。

而郑板桥文学艺术的筑基恐怕也要归功于这段困苦的生活。像当时的读书人一样，早年求学，为了科举，郑板桥是以诗文书法为主攻对象的。从早年的家书来看，内容大多都是讲诗文书法，从未涉及绘画。《自叙》中写道："复堂起家孝廉，以画事为内廷供奉。康熙朝，名噪京师及江淮湖海，无不望慕叹羡。是时板桥方应童子试，无所知名，后二十年，以诗词文字与之比并齐声。索画者，必曰复堂；索诗字文者，必曰板桥。"李复堂比郑板桥大七岁，二十八岁时于热河行宫献诗康熙,受到赏识,得入宫廷,担任画师,名声大噪,当时的画界还没有听到过郑板桥。但是郑板桥学画是比较早的,是源于乳母所制作的白窗上映出的竹影,纯粹是最原生的兴趣所使然。即使在最艰难的生活状态下,郑板桥也从一而终地保持了绘画的兴趣,后来他客居扬州,卖画营生也并非偶然。

总之,在三十岁这个特殊的年纪,《七歌》这首充斥悲哀和苦痛的诗篇真实地记录下了郑板桥三十年的逆境生活,《七歌》中所表现出的文学观念和文章风格伴随了郑板桥的一生。

第四节 云游四方,他乡漂泊

新霜昨夜落梧楸,班马萧萧赋远游。
半世文章鸡肋味,一灯风雨雁声秋。
乘槎东海涛方壮,射虎南山气更遒。
颜白衰亲阙甘旨,为儿犹补旧羊裘。

——《镇江褚润庭藏墨迹》

  郑板桥虽然在而立之年中了秀才,可是这小小的头衔却没有给他带来太多生活上的改观。父亲去世,家道衰落,讨债的人敲破了郑家的大门。或许是为了逃避这些心烦事,郑板桥悄然离家,开始浪迹天涯。这段时间里,他先后游历到扬州、庐山、四川、长安、北京、潇湘等地,并最后停留在了扬州,度过了很长一段时间的异乡生活。

  当时,离家外出、云游四方,是传统读书人的一种喜好。有钱人家的公子,甚至随身还带着不少家仆和保镖,但对于贫困子弟来说,外出游学,多半只能寄住在亲友家或是寺院里。当时比较大的寺院都设有不少客房，寺院中的住持方丈大多都对诗画有着较深的兴趣，寒士们在此吃住方便，还可以和院里的僧人谈文论艺，不失为一个好去处。郑板桥前往了泰州，在这里，他结识了梅鉴和尚，还到焦山结识了别峰庵住持，相处甚欢。焦山是著名的京口三山之一，又称"浮玉山"，隐隐立于大江之中，古迹众多，气势雄壮，大庙小寺藏于满山青翠之间，景色宜人。焦山最为著名的莫过于《瘗鹤铭》石刻，被称为"大字之祖"。郑板桥十分喜欢这幅石刻，感叹自己有幸能够亲身目睹，经常临摹和研究石刻上的笔迹风格。

焦山是郑板桥的幸运之地。他在这里结识了扬州的传奇儒商马秋玉。马秋玉是扬州十分显赫的大盐商，和一般的商人不同的是，马秋玉同时还是一名饱读诗书之士。他好学诗画，特别喜欢和富有才学的文人墨客交往，而且性格豪放，不拘小节，乐善好施。马秋玉十分欣赏郑板桥的才华，在得知郑板桥躲债焦山后，主动请郑板桥前往自己的住处做客，谈论诗画，还特别专门派仆人悄悄送了几百两银子到郑板桥的家中，这真是难得的义举。数十天后郑板桥回到家中才得知此事，感激不已。当时人们日常生活大多都是用铜钱，几百两银子对于普通人家来说，简直就是天文数字。郑板桥得以还清了债务，安排了家用，也有了云游各地的盘缠。本节开篇的诗作，正是郑板桥为感激马秋玉的慷慨解囊而作。

郑板桥继续云游四海。他与庐山禅师无方上人的友谊也是不得不提的轶事。江西庐山，可以说是中国古代读书人的文化圣地。庐山自古就是著名的风景胜地。面朝鄱阳湖，背靠长江，一山飞峙，满山云雾，犹如仙境，气象万千。从晋代陶渊明，唐代礼李白、白居易到宋代的苏轼等名家都在那里留下游览放歌的足迹。无方上人是当时有名的禅师，是禅宗六祖惠能的弟子，曾在江西传授禅宗。无方上人认为"任他非心非佛，我只管即心即佛"，这种极富个人主义的禅宗思想与郑板桥一贯的讲求个性、"别人笑我太疯癫，我笑他人看不穿"的个人主义风格简直就是情投意合。两人相见恨晚。

后来无方上人北上入都，郑板桥进京时还特别去拜访了他，并写下了诗篇送给挚友。

山裹都城北，僧居御苑西。雨晴千嶂碧，云起万松低。天乐飘还细，宫莎剪欲齐。菜人驱豆马，历历俯长堤。

一见空尘俗，相思已十年。补衣仍带绽，闲话亦深禅。烟雨江南梦，荒寒蓟北田。闲来浇菜圃，日日引山泉。（《赠瓮山无方上人二首》）

后来郑板桥当上山东县令之后，还十分怀念这位往昔的老朋友。他写下了这首《怀无方上人》，回忆两人一起共度的美好时光，表现出无限的留恋之情。

初识上人在西江，庐山细瀑鸣秋窗。
后遇上人人燕赵，瓮山古瓦埋荒庙。
今君闻住孝儿营，乱石寒云补棘荆。
别筑岩前数间屋，绘图招我同归耕。
伊昔茅棚晒秋药，我混屠沽君种作。
推堕蹇驴村市中，笑而不怒心寥廓。
嗟我近事如束柴，爪牙恶吏相推排。
不知喜怒为何事，夜梦局踏朝喧豗。
一年一年逐留滞，徒使高人笑疣赘。
我已心魂傍尔飞，来岁不归有如水。

庐山之行，让郑板桥还结识了八大山人的嫡传弟子万个，万个深得师父衣钵，能够把怪石奇岩画得惟妙惟肖。一笔触墨，石头的凹凸深浅，纹理参差跃然纸上，栩栩如生，被人们称誉为"一笔石"。郑板桥对万个的娴熟技艺崇拜不已，多次请教学习。

在离开庐山后，郑板桥转道洞庭湖。在这里，他留下了《为黄陵庙女道士画竹》诗一首和《浪淘沙·和洪觉范潇湘八景》词八首。

黄陵庙位于湘水入洞庭湖处，唐代文学家韩愈曾为此写下了《黄陵庙碑》，记载道，黄陵庙是为舜的二位妃子所立。郑板桥在《为黄陵庙女道士画竹》一诗中，通过舜同二妃的神话故事，天马行空，大胆想象，对二妃的坚贞情操进行了大胆的歌颂和赞扬。在男尊女卑的封建时代，这种女性主义的写作视角无疑也是郑板桥一贯以来的不俗于世的"狂怪"风格。

离开湖南后，郑板桥游历了湖北，登上了黄鹤楼。又顺江到达重庆、成都，在青城山山崖上留下了"江源第一峰"几个大字。接着辗转蜀道，北上长安、洛阳。留下了《邺城》、《铜雀台》、《易水》等凭吊咏怀之作。

雍正三年（1725）春，郑板桥再次来到燕京。时隔十年有余，这次来到京城，已不再是当年的毛头小伙。郑板桥居住在慈仁寺内，广交宾朋，结识了很多名寺高僧和皇家贵族。后来对郑板桥的一生命运起到关键作用之人——允禧，就是在这个时候结识的。允禧，字谦斋，康熙的第二十一子，雍正之弟，乾隆之叔。允禧虽是皇子，但却对宫廷权力毫无兴趣，他自幼好学，喜爱书画、文史，性情豁达、平易近人，喜好与天下有才之士交往。曹雪芹也是他的好朋友，据说《红楼梦》中的北静王形象就是以他为原型创作的。与郑板桥相识时，允禧才十四岁，当时郑已经三十三岁了，两人虽然年龄上相差很大，但却一见如故，相谈甚欢，称其为忘年交也不为过。

经历了十数年的风雨，刚过而立之年的郑板桥比起二十出头时刚到京城来说,自然更加成熟,也更为市侩了。《本朝名家诗钞小传·板桥诗钞小传》中说他"壮岁寄燕市,禧与禅宗尊宿及期门、羽林住子弟游。日放言高谈,臧否人物,无所忌讳,坐是得狂名"。此次燕京之行,郑板桥期望够结交些许能够赏识他的权贵之士,为以后考取功名平添砝码。但是郑板桥向来我行我素、狂放不羁的性格似乎并不为当时的所谓名流待见,这与夸夸其谈、互好吹捧的上流社会的交往潜规则其实是不相容的。后人在评价郑板桥时,常常以"狂怪"称之,这不是什么坏的字眼,反而是一种欣赏的角度。但当时所谓的上流社会对他以"狂名"相称,就不是什么好的字眼了。

此次燕京之行对于郑板桥而言是失意的。他在《平沙落雁》一词中写道:

秋水漾平沙,天末澄霞。雁行栖定又喧哗。怕见洲边灯火焰,怕近芦花。是处网罗赊,何苦天涯。劝伊早早北还家。江上风光留不得,请问飞鸦。

秋水拍打着沙岸,天边涂有一抹晚霞。雁队栖息后又喧哗了起来。害怕沙洲边的灯火,又怕靠近芦花。天地间到处都设有罗网,你们又何苦流浪天涯呢?我劝你们还是早早向北飞回自己的家乡吧。江上虽然风光好,可是还是不能停留,不信你可以问那些飞鸦。

这首词表面在写大雁,劝他们归家,实际上词人是在比照自己。"怕见洲边灯火焰,怕近芦花。"不正是郑板桥京城失意而归的心态吗?赴京归来,亲朋好友肯定免不了寒暄一番,问及有何收获,又作何回答呢?"江边虽好",但毕竟是异地他乡,岁月蹉跎,只好劝君还归去吧。看着江边起起落落的雁群,引起郑板桥心中无限的乡愁,徒增了许多思家之情。

尽管游遍朱门,但于功名之路却无多少实际起色,京城并非久留之地,居太不易,郑板桥只得打道回乡了。

第五节 扬州十载,卖画、写字、作诗

十载扬州作画师,长将赭墨代胭脂。

写来竹柏无颜色,卖与东风不合时。

——《和学使者于殿元枉赠之作》

雍正元年(1724),三十一岁的郑板桥来到扬州城卖画。板桥把这段时间自喻是"十载扬州作画师"。虽然其间他曾经耗时两年多,出游过江西、湖南、湖北、四川、陕西,以及山西和燕京等地;间或返回兴化老家暂伴亲人。但在这段时间里,他的主要落脚处在扬州;卖画、写字和作诗,已是他生活中的主要组成部分。

扬州是中国有名的历史文化名城之一。自唐宋以来,随着中国经济政治重心向南偏移,处于优越地理形势、水陆交通发达的扬州,越来越成为江南之地重要的政治、经济、文化重心。宋朝洪迈《容斋随笔》记载:"唐世盐铁转运使在扬州,尽斡利权,判官多至数十人,商贾如织。"故谚称"扬一宜二",谓天下之盛,扬为一而蜀次之也。杜牧之"春风十里""珠帘"之句,张祜诗云:

"十里长街市井连，月明桥上看神仙。人生只合扬州死，禅智山光好墓田。"王建诗云："夜市千灯照碧云，高楼红袖客纷纷。如今不似时平日，游自笙歌彻晓闻。"徐凝诗云："天下三分明月夜，二分无赖是扬州。"其盛可知矣。

扬州是文人墨客的梦想之地，老死以后都要葬在扬州，可见扬州盛世的吸引力。但随着封建王朝的更迭，隋唐时代的扬州，到宋时，被金兵的铁蹄踏成一片荒城，直至元、明，扬州这座古老的城池又再度焕发生机。所谓"腰缠十万贯，骑鹤上扬州"正是这一时期的扬州剪影。明末清初，劫难再次重降。扬州的明朝将领史可法面对百万清军的多次劝降无动于衷，清军攻破扬州城后，纵兵烧杀抢掠，犯下了"扬州十日"的滔天罪恶。根据江都王秀楚的《扬州十日记》记载，从四月二十五日至五月五日，可查到的户口簿上的人口共减少了八十余万。王家亲身经历了这次浩劫，一家八口，只活下来三人。扬州再度成为一片废墟。但经过数十年休整，扬州又恢复了往日的繁华：大运河上千帆竞发，瓜洲渡口朝晖夕照，百色人物，川流不息。处于漕运中心的扬州，出现了很多富可敌国的盐商。"衣食足而知荣辱"，财富的巨额增长，吸引着这些富商追求奢华的生活享受。建筑、饮食、成衣、车马……无不精益求精，争奇斗艳。甚至扬州附近的百姓都放弃种田，改为种花来满足当地富商的生活时尚。郑板桥曾写下"千家养女先教曲，十里栽花算种田"的诗句记述了当时扬州的繁华奢靡。就连皇帝也十分向往扬州，乾隆六次南巡，往返十二次都驻跸在扬州。

当时扬州的繁华远远超过人们的想象。相传盐商斗富，争相效仿《世说新语》中的王恺和石崇，花费重金买了金箔带到镇江金山宝塔上，随风倾撒，导致沿江两岸的树木上都挂满了金箔。有人则挥洒千金买下苏州产的不倒翁，全数倒入河中，数量多到把整条河道都堵塞了。

官僚富商们在尽情地追求物质享受的同时，也不忘记追逐精神生活上的愉悦。他们不惜花费重金购买文人字画，把玩品赏，名人字画，收藏于室，成为当时富商们的又一时尚。"扬州米贵，居却不难"，大批文人画士也蜂拥而至，不同层次的诗词书画都有着自己的消费市场，造成了一种较为宽松自由的艺术创作氛围。而且幸运的是，扬州富商显贵也不全是附庸风雅之徒，不少达官显要的文化素质是很高的，他们常常利用自己的影响力，大方散财，兴修各类文化设施，举办书画诗词盛会。一些慷慨好施的富商常常喜欢直接资助富有才气的穷途书生，如当年郑板桥在焦山遇到的马秋玉。马秋玉和他的弟弟马曰璐同属扬州八大盐商，人称"扬州二马"。他们原是安徽新安人，兄弟二人好诗文，常常以诗文会友，广交天下文豪学士。兄弟二人修建的小玲珑山馆，有丛书楼、觅句廊、藤花书屋等数十处庭楼景观，时人称其为南方园林杰作。丛书楼内藏书十余万，任凭来往文人借阅，《清史列传》中称之为"江北"第一。马氏兄弟还不吝钱财修缮、扩建了崇雅书院，将其改名为梅花书院，花费重金聘请天下名师到此执教、讲学。还在天宁寺旁修建了"行庵"，礼待四方文士，凡过境此地的名士，只要有真才实学，皆敦请流连，解困救难。郑板桥到扬州就寄居在"行庵"旁边的枝上村，成为马氏兄弟的座上客。郑板桥曾在《题画·为马秋玉画竹》中写道："墙东便是行庵竹，长向君家学化工。"

郑板桥在扬州客居数年，留下了许多佳作，其中以《扬州组诗》七律四首比较有代表性，反映了诗人对这座璀璨之城的独特感受。

画舫乘春破晓烟，满城丝管拂榆钱。千家养女先教曲，十里栽花算种田。雨过隋堤原不湿，风吹红袖欲登仙。词人久已伤头白，酒暖香温倍悄然。

廿四桥边草径荒，新开小港透雷塘。画楼隐隐烟霞远，铁板铮铮树木凉。文字岂能传太守，风流原不碍隋皇。量今酌古情何限，愿借东风作小狂。

西风又到洗妆楼，衰草连天落日愁。瓦砾数堆樵唱晚，凉云几片燕惊秋。繁华一刻人偏恋,呜咽千年水不流。借问累累荒冢畔,几人耕出玉搔头?

江上澄鲜秋水新,邗沟几日雪迷津。千年战伐百余次,一岁变更何限人。尽把黄金通显要,惟余白眼到清贫。可怜道上饥寒子,昨日华堂卧锦茵。

《扬州》四首描绘了扬州春夏秋冬四季风物,也隐含着诗人对繁华景象背后的思考和隐喻,一气呵成,名扬千里。"千家养女先教曲,十里栽花算种田。"成为咏评扬州的千古名句。

在盐商的推动下,文人墨客璀璨云集于扬州。扬州不仅仅是当时中国南方的经济中心,也成为文人墨客趋之若鹜的文化艺术中心,古老的扬州城洋溢着浓厚的文化氛围。

清初的扬州画坛,属"四僧"(石涛、八大山人、髡残和弘仁四名僧人)和"四王"(王时敏、王鉴、王翚、王原祁)最为有名。"四王"全方位继承了传统绘画,走的是摹古的路线。而"四僧"偏重于创新,走的是开拓的新路。"四僧"的活动区域大多在扬州附近,如著名僧人石涛,二十五岁西辞武昌,度金陵而至扬州定居。有趣的是,安徽新安画派的巨匠们也开始在这一时期逐渐东移,最后的落脚点也是扬州。当时正是徽商的崛起时期,贸易活动往江浙发展,涵括东南。新安画派的东移与徽商活动重心的东移不无关系。不少商人来到扬州置办产业,经营商号,也牵引着安徽画师们来此定居。像查士标、程邃等安徽派的名匠甚至在扬州终老不回了。徽州退色,扬州繁兴,也造就了新安画派衰落和"扬州八怪"崛起的历史定局。

当然,具体到历史细节而言,这些变化是曲折而漫长的。郑板桥此时走向的扬州,还笼罩着石涛的身影,"扬州八怪"还未点缀在扬州画坛的夜空之中。虽然郑板桥当时的书画技艺已十分娴熟,但在星光夺目的扬州画坛,还只是一个无名小辈。马氏兄弟赏识他,仅仅因为觉得他是个难得的才俊之士,并不是因为他的字画如何卓群。

扬州的风采并不属于每一个俊杰，群星云集之地自有它挑剔的口味，著名画师黄慎的遭遇就是一个例子。黄慎自十四五岁便开始学画，后来得到著名人物画家上官周的真传，打下了坚实的基础。迫于生计，黄慎周游各地卖画为生，足迹遍及大江南北，成为浪迹江湖的艺术家。年近三十时，他已经是名噪一时的著名画师了。雍正元年，黄慎三十六岁，他来到了扬州。按理说，这时候的他应该已经是一名画风成熟的画家了，可是他那一套注重写实、注重传统的画风却得不到扬州画坛的待见。聪明的黄慎只好转变画风，寻求变路。他的风格由写实转向写意，由传统转为创新，书法也一变跃为狂草。两年后，黄慎跃身挤入扬州画坛，成为令人瞩目的画师。

扬州给予全国各路英雄一个竞技的舞台，但是这个舞台上的角逐也是尤其激烈。川流不息的人群、此起彼伏的叫卖声、五光十色的杂货铺构成一幅幅色彩斑斓的画市奇观。郑板桥首先需要做的是在这个舞台上站住脚跟，但现实却并不如意。论画，他比不上黄慎的画技和名气。书法，扬州还无人举荐，仍然是一文不名，比不上冬心刚入扬州，就有得力人物引荐。而且黄慎、冬心等人在未入扬州之前，便已经声名远扬，小有影响，而郑板桥却不然。

为了生活，郑板桥需要求变，他决定向当时扬州画坛的标尺——石涛学习。他决心研究石涛的各个方面，从技艺到理论。"石涛善画，盖有万种"，郑板桥便从石涛各种风格的画作入手开始临摹，他也根据自身所长，专门把重点放在兰竹石上。根据自己之前偏好写实的传统，他开始刻意学习石涛的写意风格，并且不落一丝一笔，经过无数次地临摹和思索，他悟出了自己与石涛的差距，在《题画·竹》中，他写道：

石涛画竹，好野战，略无纪律，而纪律自在其中。燮为江君颖长作此大幅，极力仿之。横涂竖抹，要自笔笔在法中，未能一笔逾于法外。甚矣石公之不可及也！功夫气候，僭差一点不得。鲁男子云："唯柳下惠则可，我则不可；将以我之不可，学柳下惠之可。"

　　石涛和尚客吾扬州数十年，见其兰幅，极多亦极秒。学一半，撇一半，未尝全学；非不欲全，实不能全，亦不必全也。诗曰：十分学七要抛三，各有灵苗各自探；当面石涛还不学，何能万里学云南？

　　郑板桥意识到，哪怕就是对于石涛这样的大师之作，如果步步为营，恐怕只会是邯郸学步。只有"学七抛三"，学可学之处，才能有所突破，得到真传。同时，郑板桥还将临摹石涛所获的心得，汇入到他最擅长的兰竹石画法之中；他将石涛狂放、淋漓之神髓融入到自己灵修、深润的画笔之下。这也正是郑板桥扬长避短、别出心裁的选择。终于，他以洒脱清劲、飘逸秀润的风格开一家之风，逐渐走出了石涛的光圈，崭露头角。

　　挚友董伟业在《扬州杂咏》中曾经这样评价道：

　　湘兰淇竹高人格，写照传神不在奇。
　　法拟石涛能用活，板桥居士是吾师。

第四章

科举之路：四十中举坎坷途

客居扬州十载，画艺有所小成。但郑板桥的精力和雄心仍在功名之路上。中年丧子，一生挫折不断，化成《道情》十首，吟唱至今。四十中举，却又徘徊，前途无望……

第一节 悲苦道情,屡遭不幸磨难

> 枫叶芦花并客舟,烟波江上使人愁。
> 劝君更尽一杯酒,昨日少年今白头。
>
> ——《道情》

客居扬州,虽然郑板桥主要以卖画为生,但他此时主要的精力仍然是读书科考。毕竟在画坛独占鳌头可不比科举,科举是看得见摸得着的考试,更为实际一些。郑板桥每日必修那些科考书目,虽然毫无兴趣,但为了前途,还是需要沉下心来,精心苦读。这本是一段平静的岁月,然而悲剧之手却似乎从来没有放弃过对这个男人的折磨。

郑板桥的儿子夭折了。在而立之年所作的《七歌》中,郑板桥还写道"我生二女复一儿",可见他与徐氏所生的儿子还安然无恙,可是再过不久,便在《诗钞》中出现了《哭淳儿五首》,其悲痛之情满赋予诗。

（其一）

天荒食粥竟为长，惭对吾儿泪数行。今日一匙浇汝饭，可能呼起更重尝。

（其二）

歪角鬏儿好戴花，也随诸姊要盘鸦。于今宝镜无颜色，一任朝光满碧纱。

（其三）

坟草青青白水寒，孤魂小胆怯风湍。荒涂野鬼诛求惯，为诉家贫楮镪难。

（其四）

可有森严十地开，儿魂一去几时回。啼号莫倚娇怜态，逻刹非而父母来。

（其五）

蜡烛烧残尚有灰，纸钱飘去作尘埃。浮图似有三生说，未了前因好再来。

　　《哭淳儿五首》用词质朴，却可以想见郑板桥心情之悲痛。当时郑板桥只有这么一个独子，不孝有三无后为大，中年丧别独子，痛苦不堪言表。但人死不能复生，活着的人仍然要继续生活。"云游四方"一节中讲到板桥再次游京应该就是在儿子去世之后。谁知悲剧的黑手却把这位矮小的男人握得如此之紧。雍正九年（1731），郑板桥的结发妻子徐夫人去世了。夫妻琴瑟和谐十六载，十六年两人患难与共、牛衣对泣，生活却不算富足，但也算是苦中作乐。如今就这般说走就走，早年丧母，中年妻儿撒手，这样的不幸是难以言说的。难道这就是郑板桥的悲苦人生吗？别人哪怕再穷，也能尽享天伦，可为何自己的人生却是这么打击不断？现实是如此的不幸，他无法回答。只好把这样一份常人难以体会的无奈和苦楚寄托于笔墨，那就是《道情十首》。跋语中写道"屡抹屡更"，说明这首散曲正是如何地难以下笔。

　　在《刘柳村册子》中，郑板桥回忆说："板桥自京师落拓而归，作《四时行乐歌》，又作《道情十首》。"郑板桥的一生，亲人不断离世，孜孜不倦追求了半辈子的功名之路，从未顺畅过。所作《道情十首》既是悲苦寄情之作，也是贫苦文人的无奈之举。《道情十首》和《七歌》一样，在郑板桥的一生当中占有重要分量。"道情"一向被称为"黄冠体"，是散曲的一种。因为它的主题思想，不脱道教范围，其中思想，也就是离尘绝俗，原是适合封建社会中求名不遂，因而希冀神仙遁世的人胃口的。道情中最著名的著作自要推徐灵胎的《洄溪道情》和郑板桥的《道情十首》。但和《洄溪道情》所不同的是，郑板桥的《道情十首》一直为士大夫阶层的知识分子以及市民阶层所热爱，不论乡村城市，老少男女，劳动人民，都喜欢随口哼唱几句，更不必说那些手持着渔鼓简板的艺人了。

在开场白中，郑板桥交代了自己的家世、写作的缘由和目的。以下，作者用六首的篇幅分别写了老渔翁、老樵夫、老头陀、老道人、老书生、小乞儿的无拘无束的生活。对他们的苦痛、对他们的不公、他们的挣扎，郑板桥都了如指掌。但他感到自己却是更为不幸的，甚至似乎对他们的生活反倒羡慕起来。羡慕他们的快乐，羡慕他们哪怕家庭贫苦但是亲人安在；羡慕他们虽然只是社会底层的小人物，却不为功名仕途的追求所累。亲人的离别、仕途上的不顺和曲折，只有在这里可以发泄，叹出一口积郁之气，以求解脱烦恼、自我解脱，但实际上，此时年富力强的郑板桥追求的岂可能是这样的出世生活呢？

《道情十首》充斥着郑板桥出世的思想，而这种思想却是复杂而充满入世的矛盾的，是他在积极入世之后，与现实矛盾发生剧烈碰撞留下的产物。无独有偶，二十年以后，曹雪芹笔下诞生了与《道情十首》相为媲美的《好了歌》，后世学者在研究两人这段时期的生活状态时，常常将两首佳作相提并论。

曹雪芹比郑板桥小三十多岁，二人活动的历史背景却是相似的。郑板桥是在落拓京城、碰壁归乡之后作了这首《道情十首》，曹雪芹是在家庭迭遭变故，写下了《好了歌》。曹雪芹由于家庭卷入了政治斗争，顿时从钟鸣鼎食的大富人家一下跌入了贫民窟，他是从上层社会的角度来反映出个人的挫折和现实社会的腐朽。人们都知道无欲无求的美丽仙境，却依然贪恋世间的功名利禄，即使明明知道到头来只是一场空幻，却总是忘不了内心对世俗的牵挂。曹雪芹的《好了歌》可算是一种劝世歌，具有很浓的警世意味，这首歌表面上是说世人眷恋世俗的一切，其实是劝人及早忘却世俗的牵挂，以免徒增无谓的困扰和痛苦。但是，古今中外又有多少人能看破红尘、淡泊人生，彻底断绝功名、利禄和家庭的杂念呢？《红楼梦》的主人公贾宝玉最后领悟到"繁华过后一场空"，选择了遁入空门。《道情十首》虽然也在讲述出世的种种极乐，但是作者的选择却还是世俗的生活。

亲人相继离世，生活穷困不堪，现实中的失望常常促生他出世的思想，但出世毕竟不是郑板桥真正的想法。对于此时的郑板桥来说，科考成名，发愤自雄才是他的唯一选择。料理好妻子的丧事，安排好家庭，贫苦的文人还是需要积极走向功名之路。

附《道情十首》

开场白：

枫叶芦花并客舟，烟波江上使人愁。劝君更尽一杯酒，昨日少年今白头。

自家板桥道人是也。我先世元和公公，流落人间，教歌度曲。我如今也谱得《道情十首》，无非唤醒痴聋，销除烦恼。每到山青水绿之处，聊以自遣自歌。若遇争名夺利之场，正好觉人觉世。这也是风流事业，措大生涯。不免将来请教诸公，以当一笑。

老渔翁，一钓竿，靠山崖，傍水湾，扁舟来往无牵绊。沙鸥点点轻波远，荻港萧萧白昼寒，高歌一曲斜阳晚。一霎时波摇金影，蓦抬头月上东山。

老樵夫，自砍柴，捆青松，夹绿槐，茫茫野草秋山外。丰碑是处成荒冢，华表千寻卧碧苔。坟前石马磨刀坏。倒不如闲钱沽酒,醉醺醺山径归来。

老头陀,古庙中,自烧香,自打钟,兔葵燕麦闲斋供。山门破落无关锁,斜日苍黄有乱松。秋星闪烁颓垣缝。黑漆漆蒲团打坐,夜烧茶炉火通红。

水田衣,老道人,背葫芦,戴袱巾,棕鞋布袜相厮称。修琴卖药般般会,捉鬼拿妖件件能,白云红叶归山径。闻说道悬岩结屋,却教人何处相寻?

老书生,白屋中,说黄虞,道古风,许多后辈高科中。门前仆从雄如虎,陌上旌旗去似龙,一朝势落成春梦。倒不如蓬门僻巷,教几个小小蒙童。

尽风流,小乞儿,数莲花,唱竹枝,千门打鼓沿街市。桥边日出犹酣睡,山外斜阳已早归,残杯冷炙饶滋味。醉倒在回廊古庙,一凭他风打雨吹。

掩柴扉,怕出头,剪西风,菊径秋,看看又是重阳后。几行衰草迷山郭,一片残阳下酒楼,栖鸦点上萧萧柳。撮几句盲辞瞎话,交还他铁板歌喉。

邈唐虞,远夏殷。卷宗周,入暴秦,争雄七国相兼并。文章两汉空陈迹,金粉南朝总废尘,李唐赵宋慌忙尽。最可叹龙盘虎踞,尽销磨燕子、春灯。

吊龙逢,哭比干。羡庄周,拜老聃,未央宫里王孙惨。南来薏苡徒兴谤,七尺珊瑚只自残。孔明枉作英雄汉,早知道茅庐高卧,省多少六出祁山。

拨琵琶,续续弹,唤庸愚,警懦顽,四条弦上多哀怨。黄沙白草无人迹,古戍寒云乱鸟还,虞罗惯打孤飞雁。收拾起渔樵事业,任从他风雪关山。

尾白:

风流家世元和老,旧曲翻新调,扯碎状元袍,脱却乌纱帽,俺唱这道情儿归山去了。

跋语:

是曲作于雍正七年,屡抹屡更。至乾隆八年,乃付诸梓。刻者司徒文膏也。

第二节 四十中举,心酸却与谁说

忽漫泥金入破篱,举家欢乐又增悲。
一枝桂影功名小,十载征途发达迟。
何处宁亲惟哭墓,无人对镜懒窥帷。
他年纵有毛公檄,捧入华堂却慰谁?

——《得南闱捷音》

雍正十年(1732),已经年满四十岁的郑板桥榜上题名,这一年,他终于中举了。

一年前,郑板桥写下了充满出世之想的《道情》,一年后,他终于转运了。中举和中秀才是大不一样的。清朝时,秀才只有成了廪生,才有政府发给的廪膳。廪生全称为廪膳生员,科举制度中成绩名列一等的秀才称为廪生,并非每一个秀才都有如此待遇。秀才的社会地位和普通百姓差不多,大多都以私塾先生或代人书写字帖、家书营生,这也是当时郑板桥重回真州的遭遇。但如果中了举人就不一样了,举人拥有面见县官长揖不拜的特权,还有资格被朝廷任命为县官或临时官员,举人才真正是进入仕途的第一步。而且中了举人之后,很多县令、乡绅都会将其视为政治投资对象,常来拜访,馈赠金银,甚至送宅赠奴,身份地位大不一样了。

四十中举,对于郑板桥来说,虽不能称之为鲤鱼跃龙门,但也能算作是咸鱼大翻身了。四十年的人生坎坷,从二十三岁中秀才,到四十岁中举人,这份功名来得实在是太慢了。多次乡试的酸甜苦辣,其间的滋味可想而知。今日中举,实为大喜。可是令人遗憾的是,这时候,双亲、妻儿却都撒手人寰,再也无法和最亲密的家人来分享这样的喜悦了。不禁悲从中来,才提笔写下了"他年纵有毛公檄,捧入华堂却慰谁"这样五味横陈的诗句。

遥想去年家事,不堪回首。一年前,妻子离世,为了安葬妻子,贫穷的郑家免不了又是一笔很大的消费。料理完妻子的后事,家里真的是已经揭不开锅了,更不用说次年前往南京应举人乡试的盘缠。无奈之中,郑板桥只好想到求人下策。兴化当时的县令姓汪,是一名惜才如金的父母官。郑板桥于是给这名姓汪的县令写了一首诗《除夕前一日上中尊汪夫子》。

琐事贫家日万端,破裘虽补不禁寒。

瓶中白水供先祀,窗外梅花当早餐。

结网纵勤河又冱,卖书无主岁偏阑。

明年又值抡才会,愿向秋风借羽翰。

生活富裕一点的人家,供奉祖先用的是酒,次一些的人家用茶,但一贫如洗的郑家仅有白开水可用了。这位汪县令看到这首诗后,大为感慨,他二话不说,便赠送了一笔银子给郑板桥,以帮助他顺利渡过年关,并一直让他安心复习到八月应试。

  第二年，江南乡试如约在南京秦淮河畔的贡院开考了。内阁学士王兰生、翰林院检讨吴大受担任正副考官，省地方官任同考官。郑板桥和其他考生一道八月初八进入考场，初九开始第一场考试，又至十二考第二场，十五考第三场才结束。考完乡试后，郑板桥顺道游览了金陵古迹。南京是著名的六朝古都，古称白下，又称石头城，地势险要，抱山临江，素有"钟山龙蟠，石头虎踞"之名，古迹名胜遍布。古往今来的文人墨客对南京颇有感情，留下了无数慷慨悲欢的名篇佳作，更增添了古城南京的独特魅力。

  郑板桥对南京也是如此，他曾多次游历古城，并留下了大量诗篇。但这次前往，心境已有所不同。四十岁的他，年月渐长，涉事已深，对于人生世事的感悟也更为深刻了。而且，郑板桥对这次乡试的感觉十分良好，大考完毕如同长吁一口闷气，此次南京之行对于一名久考不中的读书人来说，不失为一个好的消遣去处。

  郑板桥此行留下了颇多佳作，《念奴娇·金陵怀古》十二首便写于此时。念奴娇是著名词牌名之一，得名于唐代天宝年间的一个歌伎，苏东坡的《念奴娇·赤壁怀古》是其中脍炙人口的作品。郑板桥此行写下的十二首词分别是石头城、周瑜宅、桃叶渡、劳劳亭、莫愁湖、长干里、台城、胭脂井、高座寺、孝陵等。这些名字都是南京的历史古迹，历来都是诗人喜欢歌咏凭吊的题材。郑板桥的这十二首词作也不例外，自家填词，独抒板桥幽愤之情。

  如《劳劳亭》一词就是郑板桥触景生情，抚今追昔的感慨之作。

  劳劳亭畔，被西风一吹，逼成衰柳。如线如丝无限恨，和风和烟。江上征帆，尊前别泪，眼底多情友。寸言不尽，斜阳脉脉凄瘦。

  半生图利图名，闲中细算，十件常输九。跳尽胡孙妆尽戏，总被他家哄诱。马上旌旃,街头乞叫,一样归乌有。达将何乐?穷更不如株守。

劳劳亭建于三国吴国时期,位于南京南面,是古时的送别之所。唐代诗人李白曾留下了"天下伤心处,劳劳送客亭。春风知别苦,不遣柳条青"的名句。劳劳亭畔千娇百媚的柳枝,被一夜西风也逼得容颜尽失,衰黄的枯枝中带着无限的愁思和恨意,在烟雨中无奈地抖动着,牵动着游子的离情别绪。回想到自己的前半生,郑板桥慷慨万千,半生为求功名而立,十有九却是失意曲折的,世间险恶,板桥愚笨,看不破人间陷阱。可是"马上"达官也好,街边乞丐也罢,最终都一样化为乌有,又有什么值得高兴的呢?在这首词当中,不难看出郑板桥的人生感悟和超脱精神,这样的体会在他的诗作中屡见不鲜,但与此同时,他又是血性的、入世的,他像追求功名的普天下的读书人一样,有着治国平天下的抱负。

在游览三国名将周瑜宅时,他写道:

周郎年少,正雄姿历落,江东人杰。八十万军飞一炬,风卷滩前黄叶。楼舻云崩,旌旗电扫,射江流血。咸阳三月,火光无此横绝。

想他豪竹哀丝,回头顾曲,虎帐谈兵歇。公瑾伯符天挺秀,中道君臣惜别。吴蜀交疏,炎刘鼎沸,老魅成奸黠。至今遗恨,秦淮夜夜幽咽。

在郑板桥的《周瑜宅》中,不免想到苏东坡《赤壁怀古》笔下"雄姿英发"的周公瑾在这里重现。"想他豪竹哀丝,回头顾曲,虎帐谈兵歇。公瑾伯符天挺秀,中道君臣惜别"。俨然一副才华横溢、文韬武略的儒将风采。周瑜是一名文武并举的全才英雄,据《三国志》记载,公瑾颇懂音律,甚至在醉酒中还能听出乐师从旁鼓乐犯下的小错误。可惜的却是历史风云变化,造化不如人意，公瑾英年早逝，才致使郑板桥发出了"至今遗恨，秦淮夜夜幽咽"的惋惜。

回想自己的一生，劳碌奔波，不就是想像这般先烈英豪一样，干出一番轰轰烈烈的事业吗？在另一篇词作《孝陵》中，他写道：

东南王气，扫偏安旧习，江山整肃。老桧苍松盘寝殿，夜夜蛟龙来宿。翁仲衣冠，狮麟头角，静锁苔痕绿。斜阳断碣，几人系马而读。

闻说物换星移，神山风雨，夜半幽灵哭。不记当年开国日，元主泥人泪簌。蛋壳乾坤，丸泥世界，疾卷如风烛残。老僧山畔，烹泉只取一掬。

孝陵是明朝开国皇帝朱元璋和皇后马氏的墓地，位于南京东郊紫金山独龙阜玩珠峰下。面对明朝往事，缅怀洪武基业，郑板桥又心生一种对历史兴亡的感慨。洪武当年，定都南京，国家一统，何其雄壮。望今日，萧条的陵墓在斜阳下，只剩下一些残碑断碣，如此寂寥。洪武大帝的丰功伟业又有几人传颂呢。显而易见，郑板桥的词作已经日臻妙境，思想境界已经相当成熟。对历史的反思和凭吊，已经升华到了以古为鉴，盛衰循环的历史哲学高度。

《劳劳亭》、《道情》等诗作所载负的出世感悟与《周瑜宅》、《孝陵》等雄篇所抒发的入世之思贯穿了郑板桥的一生，他的内心是矛盾的，是超脱的，又是现实的。

结束了金陵怀古之后，郑板桥一路南下余杭，借着金秋的大好时节，领略了一番西子湖畔的风景名胜，风土民情。

杭州一游，郑板桥寄宿在韬光庵中。这是一座杭州颇有名气的古刹佛寺，很多文人墨客来杭，必到此游览、寄宿。清代文人金农曾在此留下"隙尘抖擞上方眠，飞雨轩中暂息缘"的名句。郑板桥在此得到庵中僧侣的欢迎，寺院中的清幽环境令郑板桥神往，他在《韬光》一诗中记下了当时的心境。

> 山中老僧貌奇古，十年不踏西泠土。
> 厌听湖中歌吹声，肯来伺候衙门鼓？
> 曲房幽涧养神鱼，古碑剔藓蝌蚪书。
> 铜瓶野花乌几静，湘帘竹榻清风徐。
> 饮我食我复导我，茅屋数间山侧左。
> 分屋而居分地耕，夜灯共此琉璃火。
> 我已无家不愿归，请来了此前生果。

妻死子夭，一事无成，家道衰败，清幽古雅的寺庙是悲苦书生最好的避难所。甚至萌生了"我已无家不愿归，请来了此前生果"的出家愿念。然而，那仅仅是一时之念，郑板桥的内心仍然在期待着，期待着"南闱捷音"。

他在这里静静地等待着，继续苦读诗书，以备来年考进士。正如"韬光庵"的名字所言，韬光养晦、广积粮，缓称王。败而不挫，郑板桥对自己的仕途之路依然充满着执着的信念。雍正十年（1732）九月初八，这一天属于这个不惑之年的穷书生。这一天，江南乡试放榜，四十岁的郑板桥中举了。

第三节 焦山读书,寄宿寺庙

焦山须从象山渡,参差上下一江树。
高枝倒挽行云住,低枝搏击江涛怒。
枯藤盘挐蛇走壁,怪石峻嶒鬼峡路。
日落烟生江雾昏,微茫星火沿江村。
忽然飞镜出东海,万里一碧开乾坤。
夜悄山中更凄肃,鹳鹤无声千树秃。
邻屋时闻老僧咳,山魈远在云端哭。
几年不到大江滨,花枝鸟语春复春。
抱书送尔入山去,双峰觅我题诗处。

——《送友人焦山读书》

郑板桥雍正十年(1732)中举人,第二年即是雍正十一年了,这一年岁值癸丑。按照清朝的规定,凡子、午、卯、酉年为乡试年,辰、戌、丑、未年为会试年。因此刚考中举人的第二年癸丑年便是会试之年了。这是郑板桥一鼓作气、再接再厉的好机会。然而，就在郑板桥赴京考试前夕，家中却发生了一件不幸的事——叔叔省庵公去世了。幼年时，由于郑板桥的父亲经常外出担任私塾先生养家糊口，童年时期的小板桥很多时光是和叔叔一起度过的。叔叔省庵公对小板桥极为照顾，两人虽为叔侄，却情如父子。叔叔的去世让他毅然放弃了赴京考试的机会，担负起了"叔殁"、"移家"的重任。等到这些家事料理完，已经过了会试的时间了。两年里，妻子和叔叔相继去世，郑板桥决定暂时离开容易勾起哀思的家，前往泰州外祖父家作短暂居住。

泰州古称海陵，清朝时已名泰州。这里距扬州不足百里，是一座风景优美的历史古城。郑板桥在此留下了《赠梅鉴和尚》、《别梅鉴上人》、《海陵刘烈妇歌》以及词作《贺新郎·有赠》。在泰州期间，郑板桥曾寄宿在弥陀庵内，该庵在泰州南山教寺东南，当时住持就是梅鉴和尚。郑板桥向来喜欢和爱好诗画的僧侣来往，梅鉴和尚与郑板桥已是十多年的好友，郑板桥曾在《赠梅鉴和尚》中写道：

十年不见亦如斯，逐日相从了不奇。
挑菜旧篮犹挂壁，种花新陇欲通池。
风霜渐逼慵缝衲，楮墨重寻但索诗。
此别无多应会面，雪花飘落马头时。

在另一首《别梅鉴上人》中，郑板桥记下了他在庵中的清幽生活。

海陵南郭居人少，古树斜阳破佛楼。
一径晚烟篱菊瘦，几家黄叶豆棚秋。

云山有约怜狂客,钟鼓无情老比丘。
回首旧房留宿处,暗窗寒纸飒飕飕。

"褚墨重寻但索诗",诗画狂人与佛家比丘除了思想上的共鸣之外,艺术上的同好使得他们能够成为多年的墨朋诗友。

从时间上来看,《怀舍弟墨》大约也写在游居泰州期间。在《怀舍弟墨》的字里行间里,充满了郑板桥与堂弟郑墨之间的手足情深。"我无亲弟兄,同堂仅二人。上推父与叔,岂不同一身"。堂弟郑墨即是叔叔省庵公的儿子,叔叔对待自己犹如亲生儿子一般,郑板桥与堂弟郑墨的感情也深至亲兄弟。在郑板桥的家书当中,有很多都是写给堂弟郑墨的。在客居泰州时,甚至是看到院中的老树,也会使郑板桥联想到一树两枝的兄弟之情。

客中有老树,枝叶郁苍苍。东枝近檐屋,西枝过邻墙。两枝不相顾,剪伐谁护将?感此伤我怀,苦乐须同尝。

郑墨似乎和哥哥狂怪的性格不太一样,他是一名敦厚勤谨的老实人。知弟莫如兄,郑板桥也了解自己的弟弟,看出弟弟和自己并不是一类人,便不以仕途功名相劝进,而是以治家重任相托。

老兄似有才,苦不受绳尺。贤弟才似短,循循受谦益。前年葬大父,圹有金虾蟆。或云是贵征,便当兴其家。起家望贤弟,老兄太浮夸。

郑墨与哥哥也是感情至深的。后来郑板桥任官山东,是郑墨只手撑家,事无巨细,全由他独自操持。小到侍嫂、教侄,大到买地、置宅,全由郑墨一人完成，全力在后方支持着哥哥的仕途功业。

雍正十二年，郑板桥回家续娶了郭氏为妻，再次建立了新的家庭。

四十中举，虽说不易，但也使得胸中的抱负得以告慰。但这毕竟不是功名之路的终点站，郑板桥的目标必定是中举。时光不等人，雍正十三年岁值丙辰年，即会试大比之年，四十二岁的郑板桥无论如何也不能再放过这次机会。于是他选择了风景隽秀的镇江焦山，以此为读书备考之地，开始不遗余力地继续攻读起来。

焦山是镇江著名的风景名胜，与金山、北固山合称为"京口之山"。焦山原名樵山，后因东汉末年名士焦光曾隐居于此，而改称焦山。东汉末年，社会动荡，战乱频繁。很多名士都渴望归隐山林，过与世无争的世外桃源式的生活。焦山与松寥山、夷山耸立于长江之中，形成一主两次的格局，犹如道家传说中"一池三山"式的人间仙境。高士焦光游历大江南北，当他来到焦山之时，被这人间仙境所吸引，便在此结庐隐居。焦光在这桃源仙境颐养天年，日出而作，日落而息，采药炼丹，济世救贫，并留下许多民间传说故事。当时的皇帝闻其贤才，曾三下诏书请其出山做官，均被他以年老体弱、妻子多病或远游等方式婉拒了，后人为纪念他而将他隐居的山洞改成三诏洞，山名改为焦山。根据《焦山志》记载，宋朝时，宋真宗皇帝得病久治不愈，忽做一梦，梦中一老人踏进金銮殿，自称是东南方的隐士焦光，送丹药为他治病。真宗惊醒后，病竟然好了，他忙将梦中之事询问大臣。大臣说："焦光是汉末一位高士，隐居于长江之中的樵山，甘贫乐道，三诏不起，廉洁自持。"真宗听后大喜，发下敕文："封焦光为明应公，里祠春秋祭祀，同时对焦山的田赋、差役一概优免。"从此焦山声名远播。

焦山一山飞峙，独立于江中，满山苍翠如玉，好似随着江水的涨落而漂浮，故又叫"浮玉山"。山中庙阁星罗，有定慧寺、观澜阁、别峰庵、吸江楼、东升楼等古建筑藏于松竹云雾之中，宛如流云仙境。焦山又是一座"书法之山"。山中碑石林立，被誉为江南第一大碑林。"碑中之王"、"大字之祖"之称的旷世奇碑——"瘗鹤铭"摩崖刻石就在这里。南宋著名诗人陆放翁曾携友到此游览，留下了千古不磨的提名石刻。

郑板桥对历史久远的焦山一往情深，多次来游，留下过许多诗篇。此次进山，郑板桥住在山北幽静的别峰庵内。别峰庵位于焦山北面，坐东向西，俯视大江，清幽怡人。庵中翠竹森森，翠影婆娑，令人心旷神怡，的确是读书治学的天然之所。

本节开始所引的《送友人焦山读书》正是记述的这一时候焦山的读书岁月。四十多岁的郑板桥对于《四书》、《五经》、八股文那一套早已滚瓜烂熟，除了为来年的会试做准备之外，他更多的是将心思放在对佛禅之理和当下世事的思索上。

清雍正帝为了加强中央集权，更加推行文字狱，甚至将爪牙伸入了佛门净地。根据历史记载，雍正上台之后，对僧人严加监控，僧人有所小误，或是一些无中生有的小问题，往往都被严加治罪，斥责为异端分子。

郑板桥对此大为不满，他历来喜欢寄宿寺庙，与诸多喜好诗画的名僧交往甚密，他对于僧人是十分了解的，无法接受将他们随意斥责为异端。他在给弟弟的家书中大发感慨道：

僧人遍天下，不是西域送来的，即吾中国之父兄子弟，穷而无归，入而难返者，削去头发便是他，留起头发还是我。叱为异端而深恶痛绝之，亦觉太过……（《焦山读书寄四弟墨》）

中国哪里有什么异端僧人，大多僧侣出家，不都是因为穷困难逃，无奈选择遁入空门吗？不是如此，谁又希望随随便便就放弃世俗的追求呢？他们只不过是底层无助的平民百姓罢了。来自社会底层的读书人郑板桥，哪怕现在已经贵为举人，但他对这些兄弟一直却没有忘记，对他们的无奈感同身受，民本精神在他的身上没有随着功名之路的起色而消退过。这样对民间疾苦的质朴同情使得他后来成为一名体恤百姓的父母官，也让他与尔虞我诈、黑暗腐败的官场生活格格不入。

郑板桥年轻时代曾在真州江村教书，当时的几个学生与他一直关系深厚，多年来保持着来往。在焦山攻读期间，郑板桥受到他们的邀请，故地重游。学生许既白还特地租下一条船，邀约众师友一同游江望景。今日进士与昨日秀才已经大为不同，再游江村，郑板桥心情大好。《仪真县江村茶社寄舍弟》一书记述了当时的重游心情。

江雨初晴，宿烟收尽，林花碧柳，皆洗沐以待朝暾；而又娇鸟唤人，微风叠浪，吴、楚诸山，青葱明秀，几欲渡江而来。此时坐水阁上，烹龙凤茶，烧夹剪香，令友人吹笛，作《落梅花》一弄，真是人间仙境也。

他日身居教馆，是一文不值的"傍人门户度春秋"的穷教书先生，而今是赫赫举人，即将奔赴京城会试的"四十处乃薄有名"的人物，身临如此江光水色，几多老友唱和，好不自在快活。闲坐在江村茶社，神游万仞，驰骋想象，品读诗文，褒贬古今，大有不可一世之气概。

或曰：吾子论文，常曰生辣，曰古奥，曰离奇，曰淡远，何忽作此秀媚语？余曰：论文，公道也；训子弟，私情也。岂有子弟而不愿其富贵寿考者乎！故韩非、商鞅、晁错之文，非不刻削，吾不愿子弟学之也；褚河南、欧阳率更之书，非不孤峭，吾不愿子孙学之也；郊寒岛瘦，长吉鬼语，诗非不妙，吾不愿子孙学之也。私也，非公也。

郑夫子自道，自己其实并非一味地疏狂，狂放只是表象，其实郑板桥是很内谨的。郑板桥的内心十分清楚：韩非、商鞅都是通晓治国之理的大才，却因言误身，身遭惨死；孟郊、贾岛、李贺的诗独树一帜，在唐代诗坛中各居一席，却都落拓不遇，空负其才；褚遂良、欧阳询书法技艺精湛，在初唐各领风骚，对后世书法影响颇大，但清代馆阁体盛行，学人一味模仿，此为科举必用之体。理想和现实的冲突在历史的舞台上从未缺席过，四十多岁的郑板桥对此早已心知肚明。他虽然自己书学欧体，对诸家诗文私心仰慕，但却不能将之教给学生后世，恐怕对他们的功名路途有所耽误，因而也不愿意后代子孙学之。

入京考试前一年，郑板桥得到一个小差事——到杭州任浙江乡试外帘官。此时正是中秋，于是乘兴夜泛西湖。中秋之夜，西子湖畔更加妩媚，远远胜过扬州的瘦西湖。湖光月色，古今往事，勾起诗人兴致，万种思绪涌上心头，汇作《沁园春·西湖夜月有怀扬州久游》。

飞镜悬空，万叠秋山，一片晴湖。望远林灯火，乍明还灭。近堤人影，似有如无。马上提壶，沙边奏曲，芳草迷人卧莫扶。非无故，为青春不再，著意萧疏。

十年梦破江都，奈梦里繁华费扫除。更红楼夜宴，千条绛蜡。彩船春泛，四座名姝。醉后高歌，狂来痛哭，我辈多情有是夫。今宵月，问江南江北，风景何如？

月色撩人，勾起诗人激昂慷慨的兴致，年华老去，更欲奋发图强以明志。杭州一行，郑板桥还前往观看了钱塘潮，写下了《观潮行》，天下第一的钱塘大潮冲散了郑板桥心中多年的抑郁和不快，想到即将来临的京试，他志在必得：

银龙翻江截江入，万水争飞一江急。
云雷风霆为先驱，潮头耸并青山立。
百里之外光荧荧，若断若续最有情。
崩轰喧阗倏已过，万马飞渡萧山城。
钱塘岸高石五丈，古松大栎盘森爽。
翠楼朱槛冲波翻，羽旗金甲云涛上。
伍胥文种两将军，指挥鲲鳄惊鼍蟒。
杭州小民不敢射，荡猪击彘来相享。
我辈平生多郁塞，豪情逸气新搔痒。
风定月高潮渐平，老鱼夜哭蛟宫荡。

一首《观潮行》还不够，又作《弄潮曲》直抒胸臆。

钱塘小儿学弄潮，硬篙长楫捀复捎。
舵楼一人如铸铁，死灰面色睛不摇。
潮头如山挺船入，樯橹掀翻船竖立。
忽然灭没无影踪，缓缓浮波众船集。
潮平浪滑逐沙鸥，歌笑青山水碧流。
世人历险应如此，忍耐平夷在后头。

踌躇满志的郑板桥现在可谓是志得意满，他已经决意要在仕途的汪洋中做一个弄潮的好手。

第四章　科举之路：四十中举坎坷途

在焦山苦读间或，郑板桥也会间歇到扬州卖画，中间发生的一桩奇缘是不得不说的小故事。

雍正十三年春日里的一天，郑板桥信步漫游到了扬州城北门外。一路上春光明媚，他一路踏青赏景，不知不觉地走了十几里地，来到一处叫作玉沟斜的地方。只见这里树木繁盛，居民渐少，远远地看到一株文杏，长在围墙竹林之中。板桥好奇地走上前，叩开了并未闩紧的墙院门，直接走入院内，徘徊在那株文杏树下，观花叹景。

一位老妇人走了出来，捧着一壶茶，正坐在旁边草亭内。郑板桥赶紧走上前去，同老太太打招呼，转身看到亭柱上，贴满了正是他所作的诗词。在这他乡异地，突然看到自己的诗词，自是亲切万分，由衷高兴。他好奇地向老太太问道："您认识这些诗词的作者吗？"老太太抿了一口茶："但闻其名，不识其人。"

郑板桥听后，禁不住答道："我就是郑板桥啊！"

老太太听说站在自己眼前的，就是郑板桥先生。高兴得跳起了脚，一边向正屋里走去，一边高声地叫喊："闺女！闺女！快起来呀！板桥先生来咱们家了！"此时已经日上三竿，老太太热忱地下厨做饭，招呼着板桥在厅屋坐下，让他稍等片刻。

吃完饭后，老太太的女儿也梳妆完了，碎步迈出闺门，向板桥施以大礼，再拜而谢道："奴家久闻公之名，读公之词，喜爱甚极。闻公有《道情十首》，感人肺腑，泣于鬼神。敢请为奴家书写一幅，以便日读夜拜，如何？"

郑板桥一直以来都以"狂怪"著称，在扬州还未有远名，但不曾想到今日在这乡村野舍，竟然遇到自己的"铁杆粉丝"，还是这么俊俏的一位小女子。郑板桥也不禁情为所牵，惜以所缘，当即便允诺了为"美女粉丝"亲书己诗的要求。

老太太端上来了笔砚,小女子为她纤手磨墨,铺起纸张。郑板桥若有所思,挥笔将《道情十首》书毕,又请老太太再铺上一张纸,说是要立吟一阕《西江月》,书写出来赠予小女存念。词曰:

微雨晓风初歇,纱窗旭日才温。绣帏香梦半朦腾,窗外鹦哥未醒。

蟹眼茶声静悄,虾须帘影清明。梅花老去杏花匀,夜夜胭脂怯冷。

"母女皆笑领其词意",这位闺中俊俏便是后来嫁给他的妾——饶五姑娘。乾隆元年(1736),四十四岁的郑板桥以新进士身份下扬州,迎娶了饶五姑娘,抱得美人归。

附1《怀舍弟墨》
我无亲弟兄,同堂仅二人。
上推父与叔,岂不同一身!
一身若连枝,叶叶相依因。
树大枝叶富,树小枝叶贫。
况我两弱干,荒河蔓草滨。
走马折为鞭,樵斧摧为薪。
含凄度霜雪,努力爱秋春。
我年四十一,我弟年十八。
忆昔幼小时,清癯欠肥腯。
老父酷怜爱,谓叔晚年儿。
饼饵拥其手,病饱不病饥。

出门几回顾,入门先抱持。
年来父叔殁,移家傲他宅。
幸有破茅茨,而无饱糠覈。
老兄似有才,苦不受绳尺。
贤弟才似短,循循受谦益。
前年葬大父,圹有金虾蟆。
或云是贵征,便当兴其家。
起家望贤弟,老兄太浮夸。
家贫富书史,我又无儿子。
生儿当与分,无儿尽付尔。
离家一两月,念尔不能忘。
客中有老树,枝叶郁苍苍。
东枝近檐屋,西枝过邻墙。
两枝不相顾,剪伐谁护将?
感此伤我怀,苦乐须同尝。

附2《焦山读书寄四弟墨》

僧人遍满天下,不是西域送来的。即吾中国之父兄子弟,穷而无归,入而难返者也。削去头发便是他,留起头发还是我。怒眉瞋目,叱为异端而深恶痛绝之,亦觉太过。

佛自周昭王时下生,迄于灭度,足迹未尝履中国土。后八百年而有汉明帝,说谎说梦,惹出这场事来,佛实不闻不晓。今不责明帝,而齐声骂佛,佛何辜乎?况自昌黎辟佛以来,孔道大明,佛焰渐息,帝王卿相,一遵《六经》《四子》之书,以为齐家治国平天下之道,此时而犹言辟佛,亦如同嚼蜡而已。

和尚是佛之罪人，杀盗淫妄，贪婪势利，无复明心见性之规。秀才亦是孔子罪人，不仁不智，无礼无义，无复守先待后之意。秀才骂和尚，和尚骂秀才。语云："各人自扫阶前雪，莫管他家屋瓦霜。"老弟以为然否？

偶有所触，书以寄汝，并示无方师一笑也。

附3《仪真县江村茶社寄舍弟》

江雨初晴，宿烟收尽，林花碧柳，皆洗沐以待朝暾；而又娇鸟唤人，微风叠浪，吴、楚诸山，青葱明秀，几欲渡江而来。此时坐水阁上，烹龙凤茶，烧夹剪香，令友人吹笛，作《落梅花》一弄，真是人间仙境也。嗟乎！为文者不当如是乎！一种新鲜秀活之气，宜场屋，利科名，即其人富贵福泽享用，自从容无棘刺。王逸少、虞世南书，字字馨逸，二公皆高年厚福。诗人李白，仙品也，王维，贵品也，杜牧，隽品也。维、牧皆得大名，归老辋川、樊川，车马之客，日造门下。维之弟有缙，牧之子有荀鹤，又复表表后人。惟太白长流夜郎，然其走马上金銮，御手调羹，贵妃侍砚，与崔宗之著宫锦袍游遨江上，望之如神仙。过扬州未匝月，用朝廷金钱三十六万，凡失路名流、落魄公子，皆厚赠之，此其际遇何如哉！正不得以夜郎为太白病。先朝董思白，我朝韩慕庐，皆以鲜秀之笔，作为制艺，取重当时。思翁犹是庆历规模，慕庐则一扫从前，横斜疏放，愈不整齐，愈觉妍妙。二公并以大宗伯归老于家，享江山儿女之乐。方百川、灵皋两先生，出慕庐门下，学其文而精思刻酷过之；然一片怨词，满纸凄调。百川早世，灵皋晚达，其崎岖屯难亦至矣，皆其文之所必致也。吾弟为文，须想春江之妙境，挹先辈之美词，令人悦心娱目，自尔利科名，厚福泽。

或曰：吾子论文，常曰生辣，曰古奥，曰离奇，曰淡远，何忽作此秀媚语？余曰：论文，公道也；训子弟，私情也。岂有子弟而不愿其富贵寿考者乎！故韩非、商鞅、晁错之文，非不刻削，吾不愿子弟学之也；褚河南、欧阳率更之书，非不孤峭，吾不愿子孙学之也；郊寒岛瘦，长吉鬼语，诗非不妙，吾不愿子孙学之也。私也，非公也。是日许生既白买舟系阁下，邀看江景，并游一戗港。书罢，登舟而去。

第五章

高中进士：功名恨晚纪以诗

四十四岁的郑板桥，终于高中进士了，半生奋斗，功名终于有了个满意的结果。秀才、举人、进士，郑板桥在这条路上曲折了四十多年。满怀雄心壮志，想要成就一番事业的郑板桥，却想不到待在家中达六年之久。

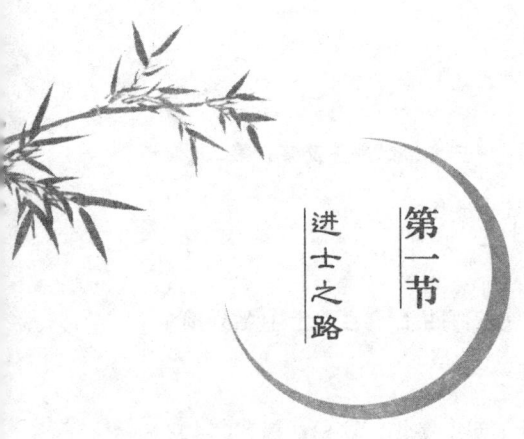

第一节 进士之路

牡丹富贵号花王，芍药调和宰相祥。

我亦终葵称进士，相随丹桂状元郎。

——《秋葵石笋图》

刚刚观赏完天下第一壮观的钱塘大潮，清朝的政局突然暗波涌动。雍正十三年（1735），坐拥十三年龙庭的雍正帝驾崩了。对于盛世之中的大清王朝来说，这是一次不小的政治地震。大臣们惶惶开启传位密诏，上面写的是"传位于第四子弘历"。弘历就是清朝历史上当了六十年皇帝的乾隆大帝。弘历此时已经长大成人，他从小饱读诗书，通晓古今，颇有远见。乾隆即位后，很快便稳定了政局。乡试、会试依旧按章办理，来年即将开考。雍正十三年冬天，郑板桥信心满满地来到北京，准备迎考。

乾隆元年（1736），京城会试如期开考了，经过了多场激烈的角逐，郑板桥胜出了！

乾隆元年丙辰，四月戊子日，策天下贡士，第一甲三名，赐进士及第；第二甲九十名，赐进士出身；第三甲二百五十一名，赐同进士出身。

郑板桥的名次为第二甲第八十八名，在所有三百四十四名进士中名列前茅，四十四岁的郑板桥，终于考中进士了。

秀才、举人、进士，郑板桥在这条路上曲折了四十多年，这份成就来得如此不易。这次已高中进士，又在上等之内，胸中所有的积郁和沉闷唯有赋诗作画方能一扫前尘。于是泼墨挥笔画下了这幅《秋葵石笋图》以自喻，二十多年来的科考之路，自己又何尝不是如秋葵一般矢志不渝呢？

即刻飞书传家，告知自己的家人这一喜讯。随后便留在京城候官，等候消息。根据清朝的科举制度，考中进士之后，还需要经过殿试评议，对年龄、仪表、成绩三方面进行综合考察，之后再遵照最终综合结果进行授职。当然，这些考察都是人为，如果朝中有人，也就会授予重任，来自边远农家的老书生郑板桥就没有这般好运了。这时的他已经四十四岁了，年纪偏大，仪容又欠佳，朝中无人，成绩虽然位于上等，却在殿试评审中落选了，一官未得。

郑板桥依旧留在了京城，并未急着回家。这次在京已和前次不同，虽然也不是万事顺意，但对于四十四岁的老举人来说，他已经很知足了。恰逢春节，一来可以故地重游，二来可以在京城广交朋友，希望能够打开门路，早日谋得一官半职，他在《呈长者》中写道：

桃花嫩汁捣来鲜，染得幽闺小样笺。
欲寄情人羞自嫁，把诗烧入博山烟。

郑板桥有意借用了李商隐的手法,用这种朦胧的意象来表达自己复杂的心情,把自己比作羞于自嫁的春情少女,急欲表明自己想要向"长者"求官,但又以自荐为羞耻,难以启齿的矛盾心情。

他在《读韩昌黎上宰相书因呈执政》中更加直言不讳。

常怪昌黎命世雄,功名之际太匆匆。

也应不肯他途进,唯有修书谒相公。

昌黎就是唐代著名的文学家韩愈,郡望属于昌黎,故世称昌黎先生。韩愈曾经有三上宰相书以自荐。此事遭受后人诟病,陈祖范在《扬州画舫录》中评价:"生平不满昌黎处,三上河东宰相书。"这种"欲求还拒"的古怪心理表面上看是虚伪,深入观察则是矛盾和痛苦。如果朝中有人举荐,万事顺心,又何必屈尊自荐呢?以诗明志,表述自己的谋求仕途的心声,却又会遭来一番世俗的贬评,真是进退两难。历朝历代的这些穷苦读书人,也像郑板桥一样,内心是矛盾而痛苦的。李白高喊"不屈己、不干人"的同时,也写下了"生不愿封万户侯,但愿一识韩荆州"的干谒诗句;杜甫甚至曾直上皇帝《三大礼赋》,屈尊自荐,这其实都是无奈之举。

郑板桥此时的心境和他们是大同小异的。除了自荐之外,郑板桥还勇于和一些身居内阁,但是官小位卑的文人来往。在《赠国子学正侯嘉璠弟》一诗中,他极力地赞赏:"大哉侯生诗,直达其肺腑。不为古所累,气与意相辅。洒洒如贯珠,斩斩入规矩。当今文士场,如公那可睹!"而对自己的诗作,向来以狂怪著称的郑板桥却自谦道:"我诗无部曲,弥漫列卒伍,转计屡蹶伤,犹思暴猛虎。家非山水乡,半生食盐卤,顽石乱木根,凭君施巨斧。"自己的诗作,不成气势,散漫无生气,想请侯生大斧多加修砍。

侯嘉璠当时仅仅是一位国子监的小学官,虽然很有才华,但是却屡考不中,不受重任。但郑板桥乐于和他交往。另外一位中书舍人方超然,也是郑板桥这一时期结交的官员朋友。"中书舍人"是为朝廷内阁执掌缮写文书的官员,方超然的书法隽秀有力,郑板桥称赞他的书法"书成便拟兰亭帖"。但方超然的官运萧条,一直起色平平,郑板桥认为他"君家两世文名盛",是该转运了。其实郑板桥对朋友的劝慰也是给自己听,这么多年在功名路途上来回失意,今高中进士,是该转运了。

郑板桥写道：

烟霞文字本关情,袍笏山林味总清。
两两凤凰天外叫,人间小鸟更无声。

表面上是在写鸟兽啼鸣,其实郑板桥是暗暗希望衙门内的这些"凤凰"们能够早日提携他这只"无声小鸟"。对早年游历北京时认识的皇族允禧,郑板桥也是加倍恭敬称道,以求推荐。

多方干谒、四处活动,但这名朝中无人、名列前茅的大龄进士依然无官无职。好比是一块灼热的石头,顷刻间就被丢入了冰冷的池塘中,中举的热度在郑板桥的心中急剧下降。现实与理想的冲突在这名读书人的身上从未停歇过,只有清幽脱俗的寺庙深院才是他唯一的避难所。只有和那些僧人相处,他似乎才能够平静超脱,心灵上得以慰藉。

这次在京城期间,他见到了多年不见的老友无方上人,又多次与清崖和尚、仁公和尚、起林和尚等名僧交游。《寄清崖和尚》、《法海寺访仁公》、

《同起林上人重访仁公》、《山中夜坐再陪起上人作》等诗作清楚地记录下了郑板桥与这几位名僧好友交游相处的情况。尤其是后一首诗，详细叙述了郑板桥和起林上人夜聊达旦的情景。

    山中夜坐再陪起上人作
人语山上烟，月出秋树底。清光射玲珑，峭壁澄寒水。
栖鸟见其腹，历历明可指。秋虫草际鸣，切切哀不已。
禅心冷欲冰，诗怀淡弥旨。吟成无笺麻，书上破窗纸。
顽奴倦烹茶，汤沸火已灭。冷然酌秋泉，心肺总寒冽。
丛花夜露滋，细媚石上苴。老槐恃气力，排风骨正折。
坐久月当中，寒光射毛发。不但饮秋泉，此心何得热。
诗成令我写，写就复涂抹。骨脉微参差，有爱忍心割。
未得如抽茧，针尖隐毛褐。既得如尸解，蜣螂忽蝉脱。
主人门外来，诗才日豪阔。迟疾各性情，维余气先夺。

  清冷的夜里，秋月明亮，秋虫哀鸣，凉意沁人。二人诗兴如泉涌一般，沉醉在这迷人的秋夜之中。没有纸来书写，那就写在糊窗户用的破纸上。夜渴饮茶，但奴仆已倦，煮汤的火也早已熄灭。一口秋泉，冻人脾肺，对着花丛，等到月升高空之时，寒光如注，毛发都感到有些凉意，不知道是不是秋泉的原因，心头也热不起来了。清晨起来看到周围的山岭，烟雾弥漫，初出云海的太阳，也显得光芒微弱。在黑云的遮掩中，朝霞也失去了往昔的辉煌。诗兴未减，不断地推敲删改，经过一番苦思，终于进入佳境，如同金蝉脱壳，好不轻松自在。这时寺院的主人从外面走进，诗兴勃发，二人却已经诗意耗尽，怅然所失。

  在与僧人朋友交往中，郑板桥还留下诸如"寄语长安车马道，观鱼濠上是天游";"透脱儒书千万轴,遂令禅事得真空"等佳句,诗篇中不乏这般自解超脱之语,但其中还暗藏的是"两两凤凰天外叫,人间小鸟更无声"这样的自荐之心。其实此刻的郑板桥哪里还能够超脱得了呢?

但这次京城之行是郑板桥与佛家人物交往最为频繁的一次,留下了颇多诗作。他同京城的画师亦颇有交流,图牧山就是其中的一位。郑板桥在《绝句廿三首·图清格》序云:"号牧山,满洲人,部郎。善画,学石涛和尚。"图牧山住在京郊,郑板桥曾经在扬州也深受石涛画风的影响,特地拜访图牧山,聊聊画坛往事。在老友无方上人的家中,识得满洲笔帖式——负责翻译清朝的满汉奏折,是清代衙门中的低级官员——保禄。保禄赋诗云"西江马大士,南国郑都官",以唐高僧马祖比作是无方上人,以唐都官郎中郑谷比成是郑板桥。郑板桥与这些好友的来往让他久久不能忘怀,多年以后还不时念叨。

不知不觉,在京城已经待满一年,进士的冠服都要穿旧了,汪县令和朋友们赞助的盘缠也快要花光了,可是却没有一点授予官职的消息。无可奈何之下,在乾隆二年(1737)开春后,郑板桥决定离开京城奔回老家了。

金窝、银窝再好,也比不上自己家的稻草窝温馨。弟弟、两个女儿,乳母费妈妈、郑家的亲朋好友看到家中郑大进士终于回来了,自然是高兴不已。七十六岁高龄的费妈妈这一年无疾而终,临走前她高兴地说道:"吾抚幼主成名,儿子作八品官,复何恨!"费妈妈虽是乳母,却从小带着小板桥,对他恩如己出。像对待自己的亲生母亲那样,郑板桥为她操办了丧事,《乳母诗》也是这个时候写下的。

怀着急切心情等待任职的大龄进士,辗转无奈之下还是回到了老家,他一直孜孜追求的仕途之路已经升起了朦胧的曙光,可是却不十分耀眼,等待他的前途和命运究竟又是什么呢?

附 1 《寄青崖和尚》

山中卧佛何时起,寺里樱桃此日红。

骤雨忽添崖下水,泉声都作晚来风。

紫衣郑重君恩在,御墨淋漓象教崇。

透脱儒书千万轴,遂令禅事得真空。

附 2 《法海寺访仁公》

昔年曾此摘苹婆,石径欹危挽绿萝。

金碧顿成新法界,惜地荒朴转无多。

参差楼殿密遮山,鸦雀无声树影闲。

门外秋风敲落叶,错疑人叩紫金环。

树满空山叶满廊,裌裟吹透北风凉。

不知多少秋滋味,卷起湘帘照夕阳。

附 3 《瓮山示无方上人》

松梢雁影度清秋,云淡山空古寺幽。

蟋蟀乱鸣黄叶径,瓜棚半倒夕阳楼。

客来招饮欣同出,僧去烹茶又小留。

寄语长安车马道,观鱼濠上是天游。

附 4 《同起林上人重访仁公》

宾主吟声合,幽窗夜火燃。

风铃如欲语,树鹤不成眠。

月转山沉雾,花深鸟入烟。

朝霞铺满径,裁取作蛮笺。

第二节 诗"嫁"家中，应酬交际

鄱湖浪阔输扬子，匡阜云来润石头。

手把干将浑未试，几回磨淬大江流。

——《上江南大方伯晏老夫子》

在高中进士之前，郑板桥可能没有想到为官之路会如此曲折。超过半辈子的含辛苦读，终于功名到手，满腹抱负却依然没有用武之地。乾隆二年（1737）回到家中后，接下来的时间大多都是在家乡兴化或是扬州度过的。进士的内心是矛盾而复杂的，时而激愤，时而平静，诚如他诗中所云"欲寄情人羞自嫁，把诗烧入博山烟"，何时才是出头天呢？尽管仕途还未明朗，但进士的头衔总算给苦命了大半辈子的郑板桥带来了很多好处，名声也已今非昔比，与各色人物的拜访和交往，与各类名流的应酬与交际，成了郑大进士这些年来待"嫁"家中的主要内容。

这一年，高邮知州富椿和一班文人好友乘船来到兴化，拜访郑板桥。"知州"是古代的官名,始于宋代,全称为"权知某军州事","权知"意为暂时主管,"军"指该地厢军,"州"指民政。明、清以知州为正式官名,为各州行政长官,直隶州知州地位与知府平行,相当于地方第一级的行政长官。富椿是一名颇有建树的地方官员,他执政的所在地高邮,是一个水患较多的地方。富椿从就任开始,就努力筑城壕河堤,兴修水利,防洪救灾,著《筹维八议》专事治水,成绩突出。而且他一生廉洁奉公,关心民间疾苦,广受百姓爱戴。富椿和朋友们的到来让郑板桥十分高兴,他十分欣赏富椿这样能干而又爱民的父母官,他在诗中赞许这位知州为"孤城将不保,一命敢苟全",这其实也是出身贫苦的郑板桥出仕做官的目标,他又何尝不是一直为此在做准备,只可惜造化弄人。

这年冬季,老同学顾于观与郑板桥相聚扬州。这位老同学也是郑板桥多年的老友了,郑板桥在《七歌》写到的"竹楼桐峰文字奇"中的"桐峰"指的正是他。顾于观,字万峰,根据《兴化县志》记载,此君也是一名饱学诗书之士,只是他比较热衷于晋魏古风,对科举功名不感兴趣。他的诗作也充满着魏晋风骨,杭太史曾评价他的诗为"绵邈滂沛,清峭凄厉"。他与后来成为"扬州八怪"之二的家乡名士李鱓、郑板桥都是好朋友,时常喜好云游四方。所到之地,无不受地方名流热忱款待,公卿大夫莫不为之折服,称叹其才气。乾隆十六年,高庙南巡,顾万峰献赋颂恩,赐大缎。他常常说:"吾平生最得意事,惟登泰山绝顶,见云气喷薄有声,俯视大海,茫茫洋洋,此时四顾无俦,作天际真人想,觉尘世富贵,无异鸱得腐鼠儿。"想必也是一位落拓不羁,豁达豪放的人物。

十多年前,顾万峰应山东常建极邀请,担任幕僚,郑板桥曾写词相送,希望他能够有所作为。那还是雍正元年时候的事情,一晃眼,十五年过去了,两人都早已成为鬓毛微霜的中老年人了。多年不见的好友能够重聚,自然免不了酒酣耳热一番，感慨世事无常。顾万峰为郑板桥能够高中进士感到高兴，特地写下了《赠郑板桥大进士》一诗相送。

郑生积学晚有名，感念平生意凄恻。
深心地底迴星芒，苦节坚冰炼木德。
文成亦爱今人赏，宦达仍惭古贤责。
遇我扬州风雪天，酒阑相向意茫然。
邱陵同寻史阁部，祠庙还过董广川。
亦有争奇不可解，狂言欲发愁人骇。
下笔无令愧六经，立功要使能千载。
世上颠连多鲜民，谁其收之唯邑宰。
读尔文章天性真，他年可以亲吾民。

既然是多年的老友，诗中也就没出现太多的客套，对郑板桥高中进士并没有太多的恭维颂扬语调。顾于观对老友寄予厚望，希望他能够成为一名"亲吾民"的父母官。

乾隆三年，江南大旱。据《清史稿·高宗本纪》记载，安徽、浙江、江苏等地受灾严重。郑板桥此时已经在家赋闲两年多了，面对江南大旱，他也期待着能够尽快出仕，好能够一显身手。这一年，朝廷任命了晏斯盛出任安徽布政使，驻节南京。布政使这一官职相当于如今的省长级别了，而晏斯盛在乾隆元年丙辰科会试时曾担任考官，和郑板桥有过"座师"之分，于是他趁此上书，写了几首诗作，想请晏斯盛为之引荐。

诗作共有四首，前面几首都极力地称颂了晏斯盛的才华和政绩，希冀晏的出任能够给江南灾区带来福音。同时他向晏提出："赤旱于今忧不细，批图何以绘流亡"——这正是当下赤地千里的江南以及那些挣扎在生死线上嗷嗷待哺的灾民的真实写照。最后一首诗则是郑板桥的献诗主旨。

鄱湖浪阔输扬子，匡阜云来润石头。
手把干将浑未试，几回磨淬大江流。

"鄱湖"、"匡阜"指的都是江西，晏斯盛正是江西人，郑板桥由衷地希望能够受到他的提携。"干将"是历史传说中有名的宝剑，郑板桥以名剑自比，愿借此机会一试身手，为民铲除灾害。但遗憾的是，不知道是晏斯盛未有理睬还是引荐没有成功，这次自荐依旧是石沉大海，郑板桥的希望再一次落空了。

一次次地上书自荐，又或是求人举荐，但每次结果都是无疾而终，一次次的努力都化为了泡影。对于已经不再年轻的郑板桥来说，这份失落和愤慨叫人难以接受，在他写给扬州名士雅雨山人卢见曾的诗作中可见一斑。

卢见曾，字抱孙，山东德州人，号雅雨山人，是扬州一位赫赫有名、大有声望的人物。根据李斗《扬州画舫录》记载："公工诗文，性度高廓，不拘小节，形貌矮瘦，时人谓之卢矮。辛卯举人，历至两淮盐运使。"卢见曾两度出任扬州，乾隆三年至两淮盐运使，乾隆四年因事罢官，贬谪塞外；乾隆十八年再任扬州。卢见曾喜欢交纳文士，而且慷慨大方，尤爱资助落魄文人，当时扬州大大小小的文人墨客都喜欢与之交往。金农、李啸村等都常常是他的座上客，郑板桥此时常在扬州卖画，并与他相识。卢氏常常利用自己三品大员的权力，让盐商们出钱，举办各种笔会、诗会。此时正是乾隆四年，卢氏因事罢官之时。卢见曾的遭遇让郑板桥感到愤慨，也对官场变幻无常深有感触。他在《送都转运卢公讳见曾》四首组诗中写道：

扬州自古风流地，惟有当官不自怡。盐策米囊销岁月，崖花洞鸟避旌旗。一从吏议三年谪，得赋淮南百首诗。昨把青鞋踏隋苑，壶浆献出野田儿。

清词颇似王摩诘，复以精华学杜陵。吟撼夜窗秋纸破，思凝寒洞晓星澄。楼头古瓦疏桐雨，墙外清歌画舫灯。历尽悲欢并喧寂，心丝袅入碧云层。

尘埃吹去又生尘，泪尽英雄为要津。世外烟霞负渔钓，胸中宠利愧君臣。去毛折项葫芦熟，豁齿蓬头婢仆真。两世君家有清德，即今风雅继先民。

何限鹓鸾供奉班，惭予引对又空还。旧诗烧尽重誊稿，破屋修成好住山。自写簪花教幼妇，闲拈玉笛引双鬟。吹嘘更不劳前辈，从此江南一梗顽。

第一首以豪放的胸怀，认为做官并不愉悦，在扬州这个风流繁华的地方，做官是不快活的，每天都被繁杂事务所困，不能解脱。现在贬官流放，反而能够自在空闲，有时间去赋诗了，这是为了安慰好友，让他能够多想开一点，不要为贬谪的挫折所困扰。第二首则是点评卢氏之诗，认为他的诗有王维和杜甫的神髓，摆脱了尘世的喧嚣和纷扰，从而达到清幽久远的境界。第三首又有安慰好友的情意所在，希望他不要为功名所累，自古多少英豪都为争夺高位而丢掉了性命，何必一定要执意顾盼青云呢？官务缠身反而不能够享受烟霞美景和垂钓之乐了。卢氏家风是何等的清俭，两世清风，又何苦为功名利禄所囚。

最后一首则是从卢见曾的流放联想到了自己的不遇。"何限鹓鸾供奉班，惭予引对又空还"，多少大大小小的官员在朝廷当差供奉，唯独自己虽经皇帝策问中了进士，却是两手空空而回，一官半职也未曾得到。或许还是应该重修老屋，再理旧稿，归隐家乡。过一过家人围膝，享受享受天伦之乐作罢。决计去做一个冥顽不驯的硬风骨，也不愿再去谋求仕宦，谢绝前辈引荐吹嘘之劳烦。

郑板桥是在将自己的落拓不遇和卢见曾的官场挫折交织在了一起。卢见曾如此贤才尚且不幸，更不必说自己了。郑板桥是感到失望的，一次次的失望留下的是投在仕途之路上的道道阴影，对此他充满愤懑，但在寄情诗文发泄之后，他仍然心怀希冀，从未绝望。

虽然仕宦之路仍是个未知数，但郑板桥这位新科进士，却开始逐渐在缤纷璀璨的扬州画坛上站稳脚跟了。郑板桥的兰竹画作不断被人问津、光顾，进士的成就让他的创作心境和艺术个性更加成熟。这一时期，以郑板桥为代表的"扬州画派"开始逐渐成熟并壮大了。"扬州画派"中最具有代表性的即是"扬州八怪"，但对于"八怪"的内涵及人员构成，后世学者有不少不同的看法和评论，但无论何种观点都必然有郑板桥的一席之地，可见郑之重要。他不仅仅是进士，而且作品脍炙人口，书画雅俗共赏，既能够在上流社会得到承认，又能够为市井阶层所喜爱，从而使他有着独特的声望。"扬州八怪"是后人给予这一时期扬州画坛上的活跃画师们的封号，当时这些画师会聚扬州，切磋砥砺，开启了中国美术史上一个全新的纪元。他们不是一个组织，也没有统一的领袖，但不可否认的是，后世的了解往往是从狂怪不羁的郑板桥开始的。特别是郑板桥诗集中《绝句二十一首》为当时的无名俊才立传，其中就有黄慎、金农、高凤翰等人，这也是后世提出"扬州八怪"的根据之一。毫无疑问，郑板桥的名望推动了扬州画派的其他画师，两者之间的互相推勉，最终造成了扬州画派能够超出黄山、华亭等画派，获得了妇孺皆知、传名于世的特殊地位。

这一时期，郑板桥的书法艺术也达到了新的水平。科考已经有了一个不错的结果，他无须再拘泥于馆阁体笔法的限制。他现在可以随心所欲地书写他的"六分半书"了。

但是，书画上的成功却不能让郑板桥感到满足，只有为官出仕才能够给奋斗一生的功名之路画上一个句号。四十四岁中举已经太迟，而现如今，整整四年过去了。在期待、失落和愤慨等复杂的心情中,一封来自京城,署名慎郡王的亲笔书信正在送往兴化的路上,这封书信是否能够给穷途进士郑板桥带来希望呢?

第三节 贵人助，踏上仕途官宦路

> 红杏花开应教频，东风吹动马头尘。
> 阑干苜蓿尝来少，琬琰诗篇捧去新。
> 莫以梁园留赋客，须教《七月》课齯民。
> 我朝开国于今烈，文武成康四圣人。
>
> ——《将之范县拜辞紫琼崖主人》

也许真的是造化弄人，在与扬州转运使卢见曾结交时，郑板桥曾一度有希望被举荐出仕，官场风云变幻，卢见曾被贬流放，又让郑板桥心灰意冷。不过这名锲而不舍的穷书生大概也已经把穷苦命运过到头了吧，卢见曾谪戍后不久，已经被册封为亲王的当今皇叔慎郡王——爱新觉罗·允禧，特派易祖式、傅凯亭两个专差带着郡王的亲笔信来招他入京。盛情难却，机不可失。于是郑板桥把两位新续的妻子郭氏和妾饶氏都安顿到老家后，就择日随易、傅二人上京了。

爱新觉罗·允禧，原名胤禧，因避雍正帝讳改胤为允，字谦斋，因得端溪岩石，宝爱特甚，遂以自号紫琼崖道人，又号春浮居士。允禧出生于康熙五十年，是康熙的第二十一子。由于他是皇父幼子，生母又是汉族，因而没有资格和年长的哥哥们争夺皇位。允禧从小性格淳厚，生活俭朴，虽未曾和皇室权力染指，但是他一直能够礼贤下士，好学不倦。允禧一生淡泊名利，无心政治，专心于笔墨丹青的文人雅事。据《清史稿·列传》记载："允禧诗清秀，工画，远希董源，近接文征明。"他自幼勤学诗、书、画，尤其擅长山水、花卉，"笔致超逸，画风清淡"，山水得力倪瓒，时人评为"本朝宗藩第一"。郑板桥曾填词颂曰："紫琼居士，天上神仙，来佐人间圣世。河献征书、楚元设醴，一种风流高致。论诗情字体，是王孟先驱，钟张后起。岂屑屑丹青绘事，已压倒董巨荆关数子。"称赞他为天上神仙下凡，具有好学礼贤的博大胸怀，把他的诗作比称王维、孟浩然，书法比作钟繇、张芝，说他的画作超过董源、巨然、关仝，这说得虽然有点玄乎，有些恭维的成分，但允禧工于诗书画，又能礼贤下士，是实事求是的。

允禧和郑板桥相识较早，据历史学家考证，大概在郑板桥第二次赴京游历时，两人便已结识了。大约雍正三四年的样子，只不过当时允禧还只是十五六岁，好为书画的皇族少年，而郑板桥也只是三十三四岁的穷酸秀才。但两人由于有着共同的嗜好，切磋砥砺，相谈甚欢，也是难得的忘年之交。

此次情况则就大不一样了。允禧已过而立，并由贝子、贝勒晋封为了慎郡王，有了一定的地位和威望。允禧此时在皇室中的地位，也非雍正在位时期可比，那时候虽是皇弟，但眼看雍正杀戮其他皇室阿哥，自己都如惊弓之鸟。

现在的郑板桥虽然还未出仕任官，但已今非昔比。况且两人的诗书画技艺比起数十年前，都有了长足的进步，现如今可以相互攀谈的内容更为丰富深入了。

一到慎郡王府，郑板桥就受到了隆重的礼遇。府门大开，仪仗横列，鼓乐轰鸣。慎郡王允禧亲自身着礼服出外相迎，不等郑板桥行完大礼就拉着板桥的手，一路走进正厅"花间堂"——曾是雍正帝亲自御题的匾额。允禧亲自为郑板桥接风洗尘，两人闲谈叙旧，极道契阔。亲王亲自解衣卸冠执刀切肉递于板桥，并笑着说："昔太白御手调羹，今板桥亲王割肉，后先之际，何多让焉！"把板桥比作李白，这真是非同寻常的器重。郑板桥后来在《板桥自序》中还特别提到这件往事："紫琼崖主人极爱惜板桥，尝折简相招，自作骈文体五百字以通意，使易十六祖、傅雯凯亭持以来。至则祖而割肉以相奉，且曰'昔太白御手调羹，今板桥亲王割肉，先后之际，何多让焉！'颇以为荣。"《郑板桥集》中提及有关允禧的诗词、序文等达十次之多。诗集问世后，允禧题诗赞扬有加。

高人妙义不求解，充肠朽腐同鱼蟹。
此情古人谁复知，疏凿混沌惊真宰。
振枯伐萌陈厥粗，浸淫渔畋无不无。
按拍遥传月殿曲，走盘乱泻蛟宫珠。
十载相知皆道路，夜深把卷吟秋屋。
明眸不识鸟雌雄，妄与盲人辨乌鹄。

——《紫琼崖道人慎郡王题辞》

慎郡王此次邀约郑板桥入京，其实还有一件要事，就是要请郑板桥为自己的两本诗集《随猎诗钞》、《花间堂诗钞》书写刻印。京城圣地，亲王身边强手如云，但他独托板桥，并且还诚邀板桥为诗集作序，可见两人的亲密程度。两人彼此之间实在是惺惺相惜，诚如高山流水中的子期和俞伯牙。

虽然比亲王允禧年长近二十岁，但对于亲王折节下士的人品和书画方面的技艺，板桥是极为仰仗的，并引以为知己，对于这样一份殊荣，郑板桥二话不说便答应效犬马之力。允禧深知郑板桥之才学，他特地推崇郑板桥，是因为他认为板桥是一名卓群的艺术家，是一名难得的诗友，他经常亲请板桥修改诗集，并为诗集作序。但郑板桥也很有识度，没有作序，而作了跋。跋写得别致、得体，充分显示了郑板桥的才华、学识和眼光。

《跋》首先介绍作者的身份、个性和好学、善读书，接着也阐述了郑板桥对这位皇室朋友的看法。允禧出身高贵，是康熙之子，雍正之弟，乾隆之叔，但"其胸中无一点富贵气，故笔下无一点尘埃气。专与山林隐逸、破屋寒儒争一篇一句一字之短长，是其虚心善下处，即是其辣手不肯让人处"。身为贵族，竟与山林隐逸，破府门与寒儒相厮混，实在是独破一格，难怪板桥要为之倾倒。同时他也欣赏允禧的勤学好问："问一人不得，不妨问数十人，要使疑窦释然，精理进露。故其落笔晶明洞彻，如观火观水也。"诗集的主人虽是皇亲国戚，但却不为权力与富贵所困，敏而好学，终成此诣。

郑板桥在跋中评价允禧的诗："曰清、曰轻、曰新、曰馨。"自写性情，不拘一格，"有何古人，何况今人！"他认为允禧能够在诗作上有此境界，与其苦吟是分不开的。"主人深居独坐，寂苦无人，辄于此中领会微妙。无论声色子女不得近前，即谈论文之始亦不得入室。"郑板桥本人也不大赞成听人谈诗论文，因为"盖谈诗论文，有粗鄙熟烂者，有旁门外道者，有泥古到死不悟者，最足损人神智，反不如独居寂坐之谓领会也"。

对于允禧诗作的火候，郑板桥评价道："已具有古人骨干，所刻诗，乃前矛，非中权，非后劲。"因为"主人之年才三十有二，此正其勇猛精进之时"，大好前途还在后头，因而现在的诗虽然还未"造其极"，但肯定是大有可为的。对于允禧的诗作来说，郑板桥的评价是客观公正的，他进而总结对允禧的诗、书、画进行了综合的比较评论,他写道:"主人有三绝:曰画、曰诗、曰字。世人皆谓诗高于画,燮独谓画高于诗,诗高于字。盖诗、字之妙,如不云之月,带露之花。百岁老人,三尺童子,无不爱玩。至其画,则荒河乱石,盲风怪雨,惊雷掣电,吾不知之,主人亦不自知也。世人读其诗,更读其画,则不知足之蹈之,手之舞之。"郑板桥把允禧的书法放到最末,这也是名副其实的评价,从允禧留下的手迹来看,后人对其评价和郑板桥的判断是相一致的。在跋的最后,郑板桥又写道:"此题后也,若作叙,则非燮之所敢当矣。故段段落落,随手写来,以见不敢为序之意。"下面记下年月日:"乾隆七年六月二十五日,板桥郑燮谨顿首顿首。"两个"顿首"加一个"谨"字,可见郑板桥对这位平民亲王的恭敬和对这份工作的赤忱尽力。

郑板桥乾隆六年(1741)秋到北京,该跋作于乾隆七年夏,郑板桥为慎郡王刻写印书,几乎花了整整一年时间。纵观全文,郑板桥对允禧充满着敬重,却不阿谀奉承;赞许有加,但不曲意逢迎。这篇跋是郑板桥一生作品中的重要文字,可以看到郡王的艺术个性,也有郑板桥的艺术评品,更能够读出两人之间的质朴友谊。

允禧也在此期间积极为朋友的仕途运作帷幄,他知道郑板桥不仅仅是一名艺术家,更是怀有抱负的读书人。允禧贵为皇叔,曾为皇师,现在动用影响力为郑板桥活动,既是表明自己爱才,又是为朝廷任贤,更是遂了个人心愿,此时而言,都是顺理成章、水到渠成的事情了。乾隆七年(1742)春,郑板桥终于正式接到了朝廷任命为范县县令的诏书。

这一年,郑板桥五十岁了,按照古人的看法,五十岁已经是老年人了。未中进士,盼中进士,已中进士,期速为官。然而却造化弄人,事与愿违,足足等待了六个年头,况且只谋得了一个小小的七品县令。

但这并不影响郑板桥的心情,在仕途的道路上足足奋斗了快一辈子,今天总算是有了一个交代了。任职前,郑板桥禁不住激动的心情,作诗《将之范县拜辞紫琼崖主人》拜辞允禧。

慎郡王允禧也亲自赋诗送行,对好友满怀希望,期望他能够像古代的贤臣一样,为国效命、为民效力;也盼望两人的友谊能够细水长流,不断联系,常寄佳作。诗云:

万丈才华绣不如,铜章新拜五云书。
朝廷今得鸣琴牧,江汉应闲问字居。
四廊桃花春雨后,一缸竹叶夜凉初。
屋梁落月吟琼树,驿递诗筒莫遣疏。
(《紫琼崖主人送板桥郑燮为范县令》)

为之奋斗一生的仕途官宦之路终于在郑板桥五十岁的时候开始了,虽然官位低微,但郑板桥踌躇满志,他想到了家人的希冀、好友的嘱托,他决心尽股肱之力,干出一番成绩。但是,这名与诗书画创作打了一辈子交道的读书人,真的能够在黑暗腐朽、风云激变的官场上如愿吗?

第六章

宦海生涯：能员廉吏诗付梓

乾隆七年（1742）开始，五十岁的郑板桥终于开始了为之努力了一生的官宦生涯。他先是在范县担任县令。在范县、朝城县任职四年后，因政绩优异，口碑甚好，调至潍县（今潍坊市）任知县。乃至最后遭人陷害罢官回家，结束了整整十二年的仕途生涯。

第一节 为官范县（上）——进退之间

> 四五十家负郭民，范花厅事净无尘。
> 苦蒿菜把邻僧送，秃袖鹑衣小吏贫。
> 尚有隐幽难尽烛，何曾顽梗竟能驯。
> 县门一尺情犹隔，况是君门隔紫宸。
>
> ——《范县诗》

从乾隆七年（1742）开始，五十岁的郑板桥终于开始了为之努力了一生的官宦生涯。他先是在范县（今属河南）——同时兼署朝城县（今已撤销，并入范县、阳谷县等，朝城较小，向来不设县令，统属由范县监管）——担任县令。在范县、朝城县任职四年后，因政绩优异，口碑甚好，任满回乡休整后，调至潍县（今潍坊市）任知县。乃至最后罢官回家，结束了整整十二年的仕途生涯。总的来说，郑板桥狂怪的性格，特立独行、不拘一格的个性注定了他在尔虞我诈的官场上不会走得太远；再者，他出身底层，对贫苦生活的亲身体验，使他能够对普通人民老百姓的生活不易感同身受，这些都使他与当时趋炎附势、麻木不仁的官场江湖格格不入。从某种程度上来说，最终他辞官告老回乡，潜心艺术创作才是最适合于他的归宿。

不同于一些权贵大族，郑板桥的出仕是通过自己扎扎实实一步一步走过来的，况且他怀有一颗古代中国读书人读书、治国平天下的爱国心。对于之前官场朋友的兴衰遭遇，他也是见得多了；对于官场的险恶，他也应该是有心理准备的。尽管已是"知天命"之年，但狂放个性的郑板桥，上任后，便表现出了独具一格的民本色彩。

在封建社会里，新官大老爷上任都有一套隆重的礼仪，新来的县官大爷坐着四人抬的大轿，鸣锣开道，张旗护卫，仪仗队手拿水火棍，肩扛回避牌，浩浩荡荡，威风凛凛，黎民百姓望见县太爷的轿子到来，吓得户户闭门，人人躲开。可是郑板桥第一次上任，却是骑着毛驴，带着书童，一捆行李一箱书，外加一张琴，直奔范县而来。他像很多百姓一样，从内心里就反感这些华而不实、劳民伤财、打扰民家的"大场面"。他像旧时云游四方一样，不声不响地来到就任的官府，乃至府内忙里忙外，准备迎接新任县太爷的官吏们以为他是一名寻常百姓，竟大声吆喝他出去。新县令初到公堂，便让书童搬出文房四宝，写了一副对联让衙役贴到大门上。

黑漆衙门八字开

有钱无理莫进来

横批：勤政爱民

门口还贴出十四字告示："本官日夜受理状子，件件秉公处理。"范县百姓都围在官府门前，准备一睹新县官的真面目，人没见着，倒是看到了不少与之前大为不同的"大动作"。四乡百姓得知后，纷纷奔走相告，范县来了个郑青天了。

据曾衍东《小豆棚·杂记》记载，郑板桥上任后不久还做了另外一件"惊世骇俗"的事情，就是令人将县衙官署的墙壁凿了上百个洞，与街市相通。新官上任三把火，这把火也烧得太奇怪了，不少人问新县令此举何意，郑板桥竟回答说："出前官习俗气耳。"旧时官场吏治腐败、争权夺利，这是世人皆知的事情，但郑板桥刚一上任，竟做出如此冒天下之大不韪的举动，可见其决心。凡新官上任，首先前来拜望的都是本地的财绅地痞，这些人都要先来摸摸新来的县太爷的底气，好像以前一样，和那些贪官污吏联合起来沆瀣一气，鱼肉百姓。强龙斗不过地头蛇，新来上任的县官还得把这些人请到县衙大摆宴席饱餐一顿。不然，他们就串通起来捉弄你。可是郑板桥不吃这一套，他不怕这些恶绅、流氓。为了刹住这些土豪恶棍的威风，他特地写了一副对联贴在衙门口。

两袖清风敢碰硬
一身正气能压邪
横批：七品正堂

他写下的就任誓词也一脉相承。

君是天公办事人，吾曹臣下二三臣。
兢兢奉若穹苍意，莫待雷霆始认真。（《君臣》）

范县当时属于山东省，今隶属于河南省东北部，属黄河中下游地区。这里虽然历史悠久，却是一个贫穷的小县，甚至县府衙门都是东倒西歪。

廨破墙仍缺，邻鸡喔喔来。
庭花开扁豆，门子卧秋苔。
画鼓斜阳冷，虚廊落叶回。
扫阶缘宴客，翻惹燕鸦猜。

破墙败院的县衙门，老百姓家养的鸡竟然能够大模大样地踱进县太爷的衙门里。院子里开的不是点缀园林用的鲜花，而像是一般百姓家里的扁豆花。看门的差吏，大白天竟然还在懒洋洋地睡觉，就连县太爷来了也无所谓。傍晚时分，落叶随着微风在院子里打着圈儿，客人就要光临，扫一扫地，倒是惊动了院子里的鸟雀，真是一幅荒冷破败的图画。不过郑板桥倒未曾为此感到不幸，他喜欢这个贫穷的小城。这里民风淳朴、古风犹存，人民乐业躬耕，安贫乐道。他曾在《范县诗》中记下了这里的风土人情。

十亩种枣，五亩种梨，胡桃频婆，沙果柿榛。春花淡寂，秋实离离，十月霜红，劲果垂枝。争荣谢拙，韫采于斯，消烦解渴，拯疾疗饥。

桑下有梯，桑上有女，不见其人，叶纷如雨。小妹提笼，小弟趋风，掇彼桑葚，青涩未红。既养我蚕，无市我茧，杼轴在堂，丝絮在拈。暖老怜童，秋风裁剪。

维蒿维蕨，蔬百其名，维筐维榼，百献其情。蒲桃在井，萱草在坪，枣花侵县，麦浪平城。小虫未翅，窈窕厌声，哀呼老赵，望食延颈。

臭麦一区，饥鸡弗顾，甜瓜五色，美于甘瓠。结草为庵，扶翳远树，苜蓿绵芊，荞花锦互。三豆为上，小豆斯附，绿质黑皮，匀圆如注。

鹅为鸭长，率游于池，悠悠远岸，漠漠杨丝。人牛昼卧，高树荫之，赤日不到，清风来吹。

斗斯巨矣，三登其一；尺斯广矣，十加其七。豆区权衡，不官而质。田无埂陇，亩无侵轶。尔种尔黍，我稷我稷。丈之以弓，岔之以尺。

黍稷翼翼，以葱以郁，黍稷栗栗，以实以积。九月霜花，雇役还家；腰镰背谷，脚露肩霞。遥指我屋，思见我妇，一缕晨烟，隔于深树。牵衣献果，幼儿识父。

钱十其贯，布两其端，四十聘妇，我家实寒。亦有胜村，童儿女孙，十五而聘，十七而婚。菀枯异势，造化无根。我欲望天，我实戴盆。六十者佣，不识妻门，笼灯异彩，终身为走奔。

驴骡马牛羊，汇费斯为集；或用二五八，或以一四七。期日。长吏出收租，借问民苦疾；老人不识官，扶杖拜且泣。官差分所应，吏扰竟何极；最畏朱标签，请君慎点笔。贪者三其租，廉者五其息。即此悟官箴，恬退亦多得。

朝歌在北，濮水在南；维兹范邑，匪淫匪婪。陶尧孙子，刘累庶枝，鼻祖于会，衍世于兹。妮妮斤斤，《唐风》所吹；垦垦力力，物土之宜。

这首诗共有九节，分别描绘了范县的自然景观、民风民俗。对老百姓生活的翔实记述，颇为生动，亦为感人。正是因为对这块土地发自内心地喜爱，才能写下如此亲切动人的诗篇。这里的作物、物产是一派北方平原的景象，已不是江南故土的茳稻鱼香。夏日里随处可见的枣树花香；金秋时节的层层麦浪；早春中鹅鸭成群，妮妮游过，放牛的少年和牛儿一道躺卧在高树绿荫之下，躲避炎炎赤日，一丝清风又叫人多么地惬意舒爽……俨然一幅恬静淡然的范县乡野图画。随着官差来到民间询问百姓生活疾苦，老人知道是父母官来巡，竟然感动得泣而跪拜。清廉的官员收纳的税粮和那些贪婪的污吏急敛暴征相比可谓天壤之别。百姓不易，哀民生之多艰。郑板桥并不是一个高高在上的县衙大老爷，他是乐于也极为愿意走入乡间田野，去体会、去了解他最为之熟悉的百姓人家的，老百姓对这位不修边幅、举止随和的县太爷也颇为爱戴。

郑板桥出仕抱定的宗旨是"立功天地，字养生民"，然而现实却是百姓和当官的离得岂止是十万八千里远。正如他在《范县诗》中说的那样，"县门一尺情犹隔，况是君门隔紫宸"，以小小县衙的一道浅的门墙，对民情尚有隔膜，何况那皇帝大臣们高坐在大门深禁的金銮殿上，还能知道些什么？他虽然只是一名小小的七品芝麻官，但却时时走出县衙，去了解他所管辖的一方黎民百姓。在范县的几年时间里，他沿着古老的母亲河，走在林荫道上，有时入村问俗，有时下田看谷，他从来不会把自己看作是什么青天大老爷而高人一等，他只会因为百姓们生活饥贫而感到惭愧、羞耻。

喝道排衙懒不禁，芒鞋问俗入林深。
一杯白水荒涂进，惭愧村愚百姓心。（《喝道》）

"喝道"是指封建时代，官员出行时，仪仗前列导引传呼，令行人回避。县太爷着便服，穿芒鞋为的是能够亲身走进乡里人家，感受民间疾苦，但手下的差役却不能与他步调一致，依然故我，还在那里吆五喝六，狐假虎威；板桥大约也制止过，但这是传统，老规矩破不得，所以禁而不止，后来他也就"懒不禁"了。这位七品县太爷何止今天是这样呢，早在上任之时，郑板桥便是一驴一书童直奔而来的。沿途看到老百姓的生活如此地艰辛，直叫这位新来的父母官惭愧难当，可是这样的境况又岂止是郑板桥一人之错呢。

实际上，无为而治，苛捐杂税少一些，少打扰一些农家百姓生活，岂不就是最好的治世吗？不难看出，道家所倡导的"无为"对郑板桥的为官思想影响不小。"无为"并非不作为，而是有所为有所不为，只是历朝历代，对平民百姓的侵扰、盘剥不是"不为"，而是"为"得可恨。

但问题是，在那样的历史条件下，做一个不事扰民的官员又何其容易呢。上下周遭，官吏腐败已经是一个环境的问题，而不是个人的因素。洁身自好，官家的俸禄哪里够你上孝下养，还哪里能够谈得上加官晋爵，青云直上。但郑板桥又不愿意与之同流合污，他渴望能够像出淤泥的莲花一样在这混浊不堪的官场中找到适合于自己的位置。他不愿意趋炎附势，依附权贵，鱼肉乡民，郑板桥做出的选择是恬静退让、淡泊名利，坚持自己。

在《秋荷》一诗中，他这样写道：

秋荷独后时，摇落见风姿。
无力争先发，非因后出奇。

客观上来讲，五十多岁才担任小小七品，仕途难有高进的可能。但主观上来说，这个时候的郑板桥，已没有太多雄心去麻痹自己，攀附青云，醉心名利，早年官场朋友的遭遇以及深入官场后的所见所闻，已让他有所深思。五十知天命，巴结上供、趋炎附势他是做不来的，他苛求的是做自己，做一名为百姓尽心尽责的芝麻官足矣。这首五言律诗以荷花为题，颂扬秋荷甘于淡泊，不与百花争艳的高洁境地，是借此寄托自己的情怀和深思。

在《范县呈姚太守》一诗中，他的这一思想抉择可谓是直抒胸臆了。

落落漠漠何所营，萧萧澹澹自为情。
十年不肯由科甲，老去无聊挂姓名。
布袜青鞋为长吏，白榆文杏种春城。

几回大府来相问，陇上闲眠看耦耕。

姚太守，即是姚兴滇，是当时的曹州知府。范县属于曹州管辖，姚太守即郑板桥的顶头上司。面对上司，很多下属纷纷表示的是逢迎吹嘘之气，而郑板桥的这首诗表达的则是一种萧然无为的态度。他老来为官，为的只是淡淡泊泊、清清正正地干点实事，别无他求。当时姚太守特地前来探望兼作检查这名新上任的县令，谁知官府大开，见不到人，竟在荒郊田垅上找到他。在旧时等级森严的官场上，上司前往，没有大摆排场远迎已属大错，竟然还奉上一首如此直接的自白诗，这简直就是官场怪事。好在这姚太守也是"雅量之人"，不然的话，郑板桥恐怕要遭"傲慢无礼"等莫须有的罪名惩治了。郑板桥在官场上的应酬可能不太随和迁就，表面上狂怪放肆，内心却是清醒、谨慎的。正如好友郑方坤的《郑燮小传》所言："板桥徒以狂故不理于口，然其为人内省醇谨，胸中具有泾渭。"他则以《立朝》明志，诗云：

立朝何必无纤过，要在闻而遽改之。
千古怙终缘宠恋，问君恋得几多时？

不邀宠，不附势，应是为官常态，却因世生乱象，反而让正常的举动显得怪异。时人以"狂怪"贬斥郑板桥，殊不知，与其说他狂怪不合于世，不如说板桥正如一面明镜，反射出了官场中形形色色、黑白不分的众官百态。

据清咸丰年间编订的《重修兴化县志》载："板桥官东省先后十二载，无留牍，亦无冤民。"旧时县官不仅要管理县内大小政事，还需要担任法官的角色，负责调解、判理民间诉讼。郑板桥治理范县刑狱的资料已无法搜集到，但从流传的零散的判案时的判词来看，他对于公正严明的判决是极为认真负责的。至今仍在流传着一些他当年判案的故事传说。

曾衍东《小豆棚·杂记》记载着这样一个故事。当地有一崇仁寺与大悲庵相对，寺内一和尚与庵中小尼姑私下相爱，后来被别人发觉，被人双双困住送到县衙。郑板桥看到和尚尼姑年龄相当，便产生了同情之心，想成全他们。于是当堂判令他们还俗结为夫妇。并且还特地送了他们一首诗："是谁勾却风流案，记取当堂郑板桥。"不拘泥于礼教世俗，但却充满着人情味，所谓通达事理，不就是如此吗？这个故事有可能是戏说，但也可以由此看出郑板桥在民间的形象和正统史家对他的评价——"无冤民"是一致的，这是一份沉甸甸的褒扬。

这样公正通达的判决不是刻意为之，而是源自郑板桥身为一名底层士人朴素的民本思想。如果说他以前一直对底层百姓的贫苦感同身受，是其中的一员，而现在处于执政者的位置，以旁观者的角度来观察自身，则更多了许多深沉的思考。郑板桥在范县任上，屡屡深入乡野，他对百姓们的遭遇、地位、官府施与的种种苛捐杂税和恶吏贪官们的层层盘剥，都有了更深层次的认识。他在给弟弟的家书中反复谈到他的体会。

> 我想天地间第一等人，只有农夫，而士为四民之末。农夫……皆苦其身，勤其力，耕种收获，以养天下之人。使天下无农夫，举世皆饿死矣……（《范县署中寄舍弟墨第四书》）

古时一般以士农工商定四民，将做官的士放在第一等，俗话说，万般皆下品，唯有读书高，读书就是为了出仕。可是郑板桥千辛万苦，爬上士人阶层，却又一反惯例，提出自己的独立思考，将农列为第一，将士降为最末。

他甚至还在家书中一再叮嘱弟弟要对乡里百姓、家中下人们好一些。

可怜我东门人，取鱼捞虾，撑船结网；破屋中吃秕糠，啜麦粥，搴取荇叶、蕰头、蒋角煮之，旁贴荞麦锅饼，便是美食，幼儿女争吵。每一念及，真含泪欲落也。汝持俸钱南归，可挨家比户，逐一散结。(《范县署中寄舍弟墨》)

他甚至还奇思妙想地从神话传说中来为他的民本思想找根据。

尝笑唐人《七夕》诗，咏牛郎织女，皆作会别可怜之语，殊失命名本旨。织女，衣之源也，牵牛，食之本也，在天星为最贵；天顾重之，而人反不重乎！其务本勤民，呈象昭昭可鉴矣。(《范县署中寄舍弟墨第四书》)

民以食为天，孟子曾提出："劳心者治人，劳力者治于人。治于人者食人，治人者食于人：天下之通义也。"儒生后辈郑板桥却从贫苦百姓的角度提出相反的看法，不得不称其为"超世之所想"。

他的民本思想也反映在他这一时期所写的一些诗文中，《悍吏》、《私刑恶》、《抚孤行》、《孤儿行》、《后孤儿行》等，既是出身平民的感同身受，也是这一时期贫苦百姓生活的生动画面。

《悍吏》写的是官府小吏狐假虎威、为非作歹的丑恶行径。这些官府小吏，一到民间，往往杀鸡捉鹅，对百姓凶恶如虎，稍有不顺，便拷打百姓，简直如豺狼虎豹。这种残暴的景象，官府往往也是"知而故纵"，他痛恨地斥责这些畜生。《私刑恶》揭露的也是这些官府小吏的胡作非为。"官刑不敌私刑恶"，搞得百姓"突地无人色"，甚至吓得"四肢直"，"游魂荡"，"天地黑"，昏死过去。抓起人来更是"累累妻女小儿童，拘囚系械网一空"，就连七十岁的老翁都要抓去，简直就是禽兽不如。《抚孤行》从遗孀抚孤的凄凉境况，描写穷苦读书人的悲惨生活。丈夫早死，遗孀只能日日抱着遗下的书卷以泪洗面。小儿尚幼，连生活都没有着落。"学俸无钱愧塾师"，但读书用的书纸笔墨，便只得"线脚针头劳十指"，孩子睡着后，勤苦的母亲继续在昏黑的油灯下做针线活，竟不知不觉劳累到天亮。《孤儿行》与《后孤儿行》各写了一个孤儿，前一篇讲的是叔婶夫妇歧视虐待兄嫂遗留的孤儿，以至于连家里的奴仆也欺负这孩子，唯有一个老仆看了寒心，咒骂这些助纣为虐的仆人，到孤儿父母坟上去哭诉。后一篇讲述了苦难的孩子失去父母后，在家族中惨遭欺凌以至迫害的悲剧。母亲早逝，父亲又常年不在，即便有叔叔和乳母的悉心照料，但童年时的孤独必定在郑板桥的一生中留下了难忘的阴影，以至于他即使已经年过半百，小有所成，但当看到这些人间悲剧时，禁不住为之落泪，特地写文感怀心伤。这些都是他作为一名出身低微的读书人，最富有真情实感的体会和感受。

　　随着时间的推移，随着郑板桥对官场的亲身体验不断加深，也使得他感到自己的愿望和现实间的矛盾是如此地激烈。一生勤奋苦读，终于谋得其职，可是涉世愈深，愈发感到官场的险恶与不洁，与自己所思所想是如此的冲突。他无法同流合污，熟视无睹，可是身在船上，却又难以挥挥衣袖舍去。烦恼中，甚至觉得还是重操旧业安逸，但就这么说走就走，进退之间，又何其容易呢，唯有在给弟弟的家书中可以自在地一发感慨。

　　何功何德，以安以荣？若不速去，祸患丛生。李三复堂，笔精墨渺。予为兰竹，家数小小；亦有苦心，卅年探讨。速装我砚，速携我稿；卖画扬州，与李同老。（《署中示舍弟墨》）

附1《悍吏》

县官编丁著图甲，悍吏入村捉鹅鸭。县官养老赐帛肉，悍吏沿村括稻谷。豺狼到处无虚过，不断人喉抉人目。长官好善民已愁，况以不善司民牧。山田苦旱生草菅，水田浪阔声潺潺。圣主深仁发天庚，悍吏贪勒为刁奸。索道汹汹虎而翼，叫呼楚挞无宁刻。村中杀鸡忙作食，前村后村已屏息。呜呼长吏定不知，知而故纵非人为。

附2《私刑恶》

自魏忠贤拷掠群贤，淫刑百出，其遗毒犹在人间。胥吏以惨掠取钱，官长或不知也。仁人君子，有至痛焉。

官刑不敌私刑恶，掾吏搏人如豕搏；斩筋抉髓剔毛发，督盗搜赃例苛虐。吼声突地无人色，忽漫无声四肢直；游魂荡漾不得死，婉转回苏天地黑。本因冻馁迫为非，又值奸刁取自肥；一丝一粒尽搜索，但凭皮骨当严威。累累妻女小儿童，拘囚系械网一空；牵累无辜十七八，夜来锁得邻家翁。邻家老翁年七十，白梃长椎敲更急。雷霆收声怯吏威，云昏雨黑苍天泣。

附3《抚孤行》

十年夫殁启书簏，岁岁晒书抱书哭。缥缃破裂方锦纹，玉轴牙签断湘竹。孀妇义不卖藏书，况有孤雏是遗腹。四壁涂鸦嗔不止，十日索墨五日纸。学俸无钱愧塾师，线脚针头劳十指。灯昏焰短空房黑，儿读无多母长织。败叶走地风沙沙，检点儿眠听晓鸦。

附4《孤儿行》

孤儿踽踽行，低头屏息，不敢扬声。阿叔坐堂上，叔母脸厉秋铮铮。阿叔不念兄，叔母不念嫂。不记瘦嫂病危笃，枕上叩头，孤儿幼小。立唤孤儿跪，床前拜倒。拭泪诺诺，孤儿是保。娇儿坐堂上，孤儿走堂下。娇儿食粱肉，孤儿兢兢捧盘盂，恐倾跌，受笞骂。朝出汲水，暮垄刍养马。菫刍伤指，血流泻泻。孤儿不敢言痛，阿叔不顾视，但詈死去兄嫂，生此无能者。娇儿著紫裘，孤儿著破衣。娇儿骑马出，孤儿倚门扉。举头望望，掩泪来归。昼食厨下，夜卧薪草房。豪奴丽仆，食余弃骨，孤儿拾啮，并遗剩羹汤。食罢濯盘浴釜，诸奴树下卧凉。老仆不分涕泣，骂诸奴骨轻肉重，乃敢凌幼主，高贱躯。阿叔阿姆闻知，闭房悄坐，气不得苏，终然不念茕茕孤。老仆携纸钱，出哭孤儿父母，头触坟树，泪滴坟土。当初一块肉，罗绮包裹，今日受煎苦。墓树萧萧，夕阳黄瘦，西风夜雨。

附5 《后孤儿行》

十岁丧父，十六丧母。孤儿有妇翁，珠玉金钱付其手。蒲苇系盘石，可以卒长久。纵不爱他人儿，宁不为阿女守？丈丈翁，得钱归，鼠狼肺，侧目吞肥，千谋万算伏危机。姥曰："不可。"翁曰："不然。"令孤儿汲水大江边，失足落江水，邻救得活全。丈丈闻知复活，不谢邻舍，中心怅然。朝不与食，暮不与栖止，孤儿荡荡无倚。乞求餐饭，旬日不返；外父外母不问，曷论生死！夜宿野庙，荒苇茫茫。闻人笑语，渐见灯光；绿林君子，勒令把火随行。孤儿不敢不听从强梁。事发贼得，累及孤儿；贼白冤故，官亦廉知。丈丈辣心毒手，悉力买告，令诬涅与贼同归。西日惨惨，群盗就戮。顾此孤儿，肌如莹玉。不恨己死，痛孤冤毒。行刑人泪相续。

附6 《范县署中寄舍弟墨》

刹院寺祖坟，是东门一枝大家公共的，我因葬父母无地，遂葬其傍。得风水力，成进士，作宦数年无恙。是众人之富贵福泽，我一人夺之也，于心安乎不安乎！可怜我东门人，取鱼捞虾，撑船结网；破屋中吃秕糠，啜麦粥，搴取荇叶、蕴头、蒋角煮之，旁贴荞麦锅饼，便是美食，幼儿女争吵。每一念及，真含泪欲落也。汝持俸钱南归，可挨家比户，逐一散结。南门六家，竹横港十八家，下佃一家，派虽远，亦是一脉，皆当有所分惠。骐骥小叔祖亦安在？无父无母孤儿，村中人最能欺负，宜访求而慰问之。自曾祖父至我兄弟四代亲戚，有久而不相识面者，各赠二金，以相连续，此后便好来往。徐宗于、陆白义辈，是旧时同学，日夕相征逐者也。犹忆谈文古庙中，破廊败叶飕飕，至二三鼓不去；或又骑石狮子脊背上，论兵起舞，纵言天下事。今皆落落未遇，亦当分俸以敦夙好。凡人于文章学问，辄自谓已长，科名唾手而得，不知俱是侥幸。设我至今不第，又何处叫屈来，岂得以此骄倨朋友！敦宗族，睦亲姻，念故交，大数既得；其余邻里乡党，相赒相恤，汝自为之，务在金尽而止。愚兄更不必琐琐矣。

附7《范县署中寄舍弟墨第四书》

十月二十六日得家书，知新置田获秋稼五百斛，甚喜。而今而后，堪为农夫以没世矣！要须制碓、制磨、制筛罗簸箕、制大小扫帚、制升斗斛。家中妇女，率诸婢妾，皆令习春揄蹂簸之事，便是一种靠田园长子孙气象。天寒冰冻时，穷亲戚朋友到门，先泡一大碗炒米送手中，佐以酱姜一小碟，最是暖老温贫之具。暇日咽碎米饼，煮糊涂粥，双手捧碗，缩颈而啜之，霜晨雪早，得此周身俱暖。嗟乎！嗟乎！吾其长为农夫以没世乎！我想天地间第一等人，只有农夫，而士为四民之末。农夫上者种地百亩，其次七八十亩，其次五六十亩，皆苦其身，勤其力，耕种收获，以养天下之人。使天下无农夫，举世皆饿死矣。我辈读书人，入则孝，出则弟，守先待后，得志泽加于民，不得志修身见于世，所以又高于农夫一等。今则不然，一捧书本，便想中举、中进士、作官，如何攫取金钱、造大房屋、置多田产。起手便错走了路头，后来越做越坏，总没个好结果。其不能发达者，乡里作恶，小头锐面，更不可当。夫束修自好者，岂无其人；经济自期，抗怀千古者，亦所在多有。而好人为坏人所累,遂令我辈开不得口;一开口,人便笑曰:汝辈书生,总是会说,他日居官,便不如此说了。所以忍气吞声,只得捱人笑骂。工人制器利用,贾人搬有运无,皆有便民之处。而士独于民大不便,无怪乎居四民之末也!且求居四民之末而亦不可得也!愚兄平生最重农夫,新招佃地人,必须待之以礼。彼称我为主人,我称彼为客户,主客原是对待之义,我何贵而彼何贱乎?要体貌他,要怜悯他;有所借贷,要周全他;不能偿还,要宽让他。尝笑唐人《七夕》诗,咏牛郎织女,皆作会别可怜之语,殊失命名本旨。织女,衣之源也,牵牛,食之本也,在天星为最贵;天顾重之,而人反不重乎!其务本勤民,呈象昭昭可鉴矣。吾邑妇人,不能织绸织布,然而主中馈,习针线,犹不失为勤谨。近日颇有听鼓儿词,以斗叶为戏者,风俗荡轶,亟宜戒之。吾家业地虽有三百亩,总是典产,不可久恃。将来须买田二百亩,予兄弟二人,各得百亩足矣,亦古者一夫受田百亩之义也。若再求多,便是占人产业,莫大罪过。天下无田无业者多矣,我独何人,贪求无厌,穷民将何所措足乎!或曰:世上连阡越陌,数百顷有余者,子将奈何?应之曰:他自做他家事,我自做我家事,世道盛则一德遵王,风俗偷则不同为恶,亦板桥之家法也。哥哥字。

附8《署中示舍弟墨》

学诗不成,去而学写。学写不成,去而学画。日卖百钱,以代耕稼;实救困贫,托名风雅。免谒当途,乞求官舍;座有清风,门无车马。四十科名,五十旗旌;小城荒邑,十万编氓。何养何教,通性达情;何兴何废,务实辞名。一行不当,百虑难更。少予失教,躁率易轻。水衰火炽,老更不平。日有悔吝,终夜屏营。妻孥绮縠,僮仆鼎鼐;何功何德,以安以荣?若不速去,祸患丛生。李三复堂,笔精墨渺。予为兰竹,家数小小;亦有苦心,卅年探讨。速装我砚,速携我稿;卖画扬州,与李同老。诗学三人,老瞒与焉;少陵为后,姬旦为先。字学汉魏，崔蔡钟繇；古碑断碣，刻意搜求。维兹三事，屋舍田畴。宦贫何畏，宦富可惴；即此言归，有赢不匮。人不疵尤，鬼无瞰祟。吾既不贪，尔亦无恚。需则失时，决乃云智。

第二节 为官范县(中)——落拓知己

腐《史》湘《骚》问几更,衙斋风雨见高情。
也知贫病浑无措,不敢分钱恼二生。

——《二生诗》

在执政范县一段日子后,郑板桥的身上又有了新的担子——兼管朝城县。朝城县比范县小很多,历来不设县令,一般由范县县令管辖。上级加附给郑板桥一人驾驭两县的任务,也说明五十多岁的老县令在位置上干得还算不错。

几年时间下来,老书生也对县令政务颇为熟悉了,事事有条有理。郑板桥的心情也颇为轻松,他在这几年时间里,除了处理好大小杂务之外,主要心思都放在了诗书画的精进和与诗文同好的交往上,其中不乏一些上流权贵,更多的是和当年的板桥类似的落拓书生。现在的郑板桥虽然算不上是什么达官贵人,但最起码也是衣食无忧,手头也宽绰了许多,和这些落拓书生相交,其实也是在和从前的自己重逢。

和全国各地的大城小县没有什么不同，范县不乏有志读书者。如文士宋周星、刘连登等人，宋、刘两人性格耿直，家贫意坚。郑板桥得知两人境遇后，为他们的文采感叹的同时，曾以金相赠，二人均谢而不受，让郑板桥为之感动，特赋本节开篇的《二生诗》以劝进两位后生。

范县还有另外一名传奇人物，也和郑板桥交谊颇深。这是一位特别擅长填词的盲人，名叫陈孟周。郑板桥为他的词赋所倾倒，赞誉之词无以复加。

陈孟周，瞽人也。闻予填词，问其调。予为诵太白《菩萨蛮》、《忆秦娥》二首。不数日，即为其友人填二词，亦用《忆秦娥》调。其词曰："光阴泻，春风记得花开夜。花开夜，明珠双赠，相逢未嫁。旧时明月如钩挂，只今提起心还怕。心还怕，漏声初定，玉楼人下。""何时了，有缘不若无缘好。无缘好，怎生禁得，多情自小。重逢那觅回生草，相思未创招魂稿。招魂稿，月虽无恨，天何不老！"予闻而惊叹，逢人便诵。咸曰青莲自不可及，李后主、辛稼轩何多让矣。拙词近数百首，因愧陈作，遂不复存。（《题陈孟周词后》）

郑板桥幼年便在真州跟随陆种园先生学习填词，深得陆先生真传，后人对郑的词作也不乏赞誉，如清李元度在《国朝先正事略》中说板桥"词犹胜于诗，吊古携怀激昂慷慨，与集中家书数篇皆不可磨灭文字……后人为词，学板桥不已。"但面对盲人词人陈孟周，郑板桥竟然感到自愧不如，竟将自己数百首词作一炬焚之，可见陈孟周文采词情之卓群。在与陈孟周相交唱和之中，深为陈之辞藻所感动，郑板桥对陈之词作备加推崇，惜才、爱才之心如此。

与郑板桥交往的，多为贫苦低微的下层读书人。在接人待物方面，郑板桥历来都是以平等率真相待的。这也是他平民精神的体现，于韬光庵读书时，他曾在给弟弟的家书中如此写道：

谁非黄帝尧舜之子孙，而至于今日，其不幸而为臧获，为婢妾，为舆台、皂隶，窘穷迫逼，无可奈何。非其数十代以前即自臧获、婢妾、舆台、皂隶来也。一旦奋发有为，精勤不倦，有及身而富贵者矣，有及其子孙而富贵者矣，王侯将相岂有种乎！（《雍正十年杭州韬光庵中寄舍弟墨》）

早年为秀才时，他便将家中发现的前代使用家奴所签下的契约，一火焚之，以免被后人发现，留下口实。在为官后，给弟弟的书信中，他曾冒天下之大不韪将农民的地位提升至四民之首。郑板桥向来都是以朴素仁厚平等的态度待人的，在子女的教育上，他更是严格要求自己的孩子如此。

郑板桥五十二岁时，妾饶氏生下了一男孩。一般人家晚年得子，很多都是溺爱，甚至是放纵。郑板桥担心家人如此，因此他特地写信给弟弟，要求绝对不可以搞特殊，必须教育他以礼待人，平等对人。

余五十二岁始得一子，岂有不爱之理！然爱之必以其道，虽嬉戏顽耍，务令忠厚悱恻，毋为刻急也……我不在家，儿子便是你管束。要须长其忠厚之情，驱其残忍之性，不得以为犹子而姑纵惜也。家人儿女，总是天地间一般人，当一般爱惜，不可使吾儿凌虐他。凡鱼飧果饼，宜均分散给，大家欢嬉跳跃。若吾儿坐食好物，令家人子远立而望，不得一沾唇齿，其父母见而怜之，无可如何，呼之使去，岂非割心剜肉乎！夫读书中举、中进士、作官，此是小事，第一要明理作个好人。（《潍县署中寄舍弟墨第二书》）

郑板桥的平等观念和自幼出生环境有关。而他的大半生历程都是不通达的，无论是功名之路还是混迹扬州，就连好不容易中了进士，也曲折辗转了五六年才有幸出仕。因此，他也特别同情那些怀才不遇的文人墨客，他了解这些人，特别是那些出身社会底层的文才之辈，和他们交往，他看到的也是年轻时候的自己。因此，他总是对这些黄钟毁弃的年轻后辈怀有特殊的感情。他总是尽力为他们大加宣传、提携；他深感这些不遇之人，大多身怀绝学，却一直被埋没在滚滚红尘之中。他对此如有感触。

凡大人先生，载之国书，传之左右史。而星散落拓之辈，名位不高，各怀绝艺，深恐失传，故以二十八字标其梗概。峨山先生不应在是列，笔之所至，遂不能自已。

正是因为如此，郑板桥一己之力聚拢这些散落尘世的贤才星宿，在范县为官时期，他写下了著名的《绝句二十三首》。

因其中有些可能触及忌讳，在原版刻好后，又删减了几首，现存仅二十一首。由于郑板桥认为"峨山先生不应在列"，《绝句二十三首》实为二十首。每首各写一人，好似每人的诗作小传。所写人物都是郑板桥的好朋友们，这些人大多如他一般，历经坎坷，穷困潦倒，身怀绝技，在当时未有远名。后来被誉为"扬州八怪"的金农、黄慎等人均在此列。

爱看古庙破苔痕，惯写荒崖乱树根。
画到情神飘没处，更无真相有真魂。

这首诗写的是郑板桥的老朋友黄慎。黄慎初名盛，字恭寿，恭懋，躬懋，菊壮，号瘿瓢子，别号东海布衣等，是福建宁化人。黄慎出生于清康熙二十六年（1687），比郑板桥年长六岁。他师从著名人物画家上官周，同时兼攻书法。

后来离家云游，曾多次在扬州卖画，十八九岁时，寄身萧寺，昼为画，夜无所得烛，从佛光明灯下读书。云游四方后，于而立之年重回扬州卖画，最后返回福建终老。

以草书入画是黄慎的一大特点。他从张旭狂草中得到启发，将狂草笔法引入绘画之中，所画人物，寥寥几笔，其纹理、毛发如风般狂放披离，盘曲舞动。甚至他的山水、花鸟也融入了狂草意境，狂放飞舞，自成格局，是扬州画派中的顶梁人物之一。清钱湄寿在《浅堂诗集》中高度地评价黄慎的绘画风格："忽而疏，忽而密，空际烟云指尖出；忽而枯，忽而生，满林风雨皆秋声；笔一枝，墨一斗，兴酣笔跃墨亦走；笔有神，墨无痕，水重水复蛟龙弄；不以规矩非其病，不受束缚乃其性；迂倪无此豪，颠米无此劲；取法疑偏实为正，目之为怪大不敬。天真一片天所付，世间哪得知其故。"

以草书入画尚且如此精妙绝伦，黄慎的狂草书也是极为突出的。他的草书开始学习"二王"，后从怀素、张旭、黄庭坚。黄慎手中的毛笔如渴墨一般，大肆游走在纸面，笔迹之间，似断还连，似连还断。而这似乎狂乱而无章的笔法之间，却露出一种驰骋纵横、犹如黄钟大吕的独特韵律节奏。为他编撰诗集的好友雷铉以"如疏影横斜，苍藤盘结"总结黄慎的狂草之法。

黄慎还是一名特别能够求变的画师。在他初到扬州之时，有人对他说："工笔人物，古人画得好的甚多，人们也看习惯了，你再走这条路子，怎能出人头地呢？当今扬州画坛以写意为主，你为什么不试试写意人物呢？"黄慎得到为师上官周工笔传统画法真传，一直奉此为上。尽管心里不是很舒服，但他觉得别人的建议有理。回乡埋头苦练了三年写意画后，黄慎自觉大有进步，于是二上扬州。果真他的画被大加赞赏。不多时，有人又提出："你画上的字体写得过于端正、直板，与你画风实在不称。"黄慎领会其意，又回家苦练了三年草书。三年后他带着字画再上扬州时，果然名声大噪。一次，一名读书人来买他的画,看后说:"人物造型大胆夸张、落款笔势生动有力,只是画上只有年号,缺少诗词文章,似乎美中不足。"黄慎虚怀若谷,又重整行囊回归乡里,苦读三年诗文,四上扬州,终成"诗书画"三绝。

  黄慎少年丧父,家境贫寒,从小便担负起了奉养母亲,抚育弟妹的生活重担。黄慎的一生大多都在漂泊辗转中度过。生活的磨难,遭遇的凄凉,对生活之残酷,他感受深刻。他的诗作中亦富有沧桑凄怆之情。

人间如蚁磨盘忙,我亦纷拿梦里狂。
觑破世情为冷眼,趁逢花事作欢场。(《扬州元日》)

  同样的追求和相似的境遇让郑板桥和黄慎二人惺惺相惜。"爱看古庙破苔痕,惯写荒崖乱树根"写的不仅仅是黄慎的独特品好,更是透出他的狂草笔法、狂草画风。"飘没处"和"有真魂"更是将黄慎的艺术风格提升至出神入化、大象无形的至高境地。

  郑板桥和黄慎二人在扬州相识,交往甚密。郑板桥先后为黄慎的画作写下了不少题跋,如《题黄慎钟馗小妹图》、《题黄慎山水册》、《题黄慎画丁有煜像卷》、《题黄慎画黄漱石捧砚图小象轴》等。

  另外一位郑板桥的好友金农,也是"扬州八怪"中的传奇人物。

九尺珊瑚照乘珠,紫髯碧眼聚商胡。
银河若问支机石,还让中原老匹夫。(《金司农》)

  金农,字寿门,号冬心,又号稽留山民、曲江外史、昔耶居士、百二砚老翁、龙梭仙客、金吉金、心廿六郎、仙坛扫花人等二十余种。金农生于康熙二十六年（1686），经历了康雍乾三个王朝，因此又号三朝老民。他是扬州八怪的核心人物，一生博学多才，工诗词书画，精通古玩，喜好收藏。时人就说他的画作"涉笔即古，脱尽画家之习"。金农的书法造诣被评价为"扬州八怪"中最杰出的一位，他的书法独辟蹊径，从《天发神谶碑》、《禅国山碑》、《谷郎碑》变化而出，其行书和隶书均有着高超而独到的审美价值。他的隶书早年遵照"墨守汉人绳墨"的风格，规整沉着，笔画朴实，笔未送尽而收锋，结构缜密，多内敛之势，而少外拓之姿，朴素简洁，以古朴浑厚见长。他出入汉隶，自创了"漆书体"，这是一种特殊的笔墨方法。自制的"金农墨"浓厚似漆，写出的字凸出于纸面。所用的毛笔，像扁平的刷子，蘸上浓墨，行笔只折不转，如刷子刷漆。写出来的字笔锋与其他书法大有不同，表面上粗俗简单，毫无章法，实际却是从统一的大处着眼，气势磅礴，化为一体。

金农五十岁才开始从事作画。初写竹师石室老人，号稽留山民，继画梅师白玉蟾，号昔邪居士。他所画的人物造型奇古，笔法简练，形象突出；好为画梅，自称"江路野梅"，要求"天大寒时香千里"，画马题道："今予画马，苍苍凉凉，有顾影酸嘶自怜之态，其悲跋涉之劳乎？世无伯乐，即遇其人，亦去暮矣？吾不欲求知于风尘漠野之间也。"看来也是一位怀才不遇的落拓画师。他的诗作也为时人称道，被称为："如清液九霄，落鱼山之梵；深雪万嶂，品雷威之琴。""苦硬清峭，雕琢极精，品与山谷为近。"

金农性情率直随性，一生交友广泛，上至名门公卿、富豪巨贾，下至卖浆引车的贫民百姓，三教九流无所不有。作为"扬州一怪"，他看不起的人，不但不相交谈，甚至报之以白眼，而对好朋友则从不以穷富贵贱取人。

在《金司农》这首诗中，郑板桥用轻松诙谐的口吻，高度称赞了金农的才华。他在诗中交代，金农是一名见识卓群、学问渊博的人物。连那些长期和珊瑚珠宝打交道的经商胡人，想要搞懂银河支机石（传说为天上织女用以支撑织布机的石头，常用来比喻远古遗物）的来龙去脉，都得向金农请教。

金农和郑板桥两人相识于雍正六年的扬州天宁寺。金农所写的《冬心先生画竹题记》中也有一段文字涉及此事："兴化郑进士板桥，风流雅谑，极有书名。狂草古籀，一字一笔兼众妙之长。十年前予与先后游广陵，相亲相洽，若鸥鹭之在汀渚也。又善画竹，雨梢风箨，不学而能。"两人同时寄居扬州，常常相聚在一起"杯酒言欢，永朝永夕"，除了有共同的人生观、艺术观外，个性脾气特别相投，常常出入秦楼楚馆，酣饮淋漓。郑板桥曾说"杭州只有金农好"，并常常戏称金农为"中原老匹夫"，可见二人关系之亲密。郑板桥诗集中还有一首诗如此写道：

乱发团成字，深山凿出诗。
不须论骨髓，谁得学其皮！（《赠金农》）

称赞金农的书法别具一格，独出机杼；诗作清幽深邃，好似从深山中凿出。世人甚至连金农的皮毛都摸不到，更不用说得到其真髓了。郑板桥也好在艺术创作上开创自己的套路和风格，如他独树一帜的"六分半体"，作为艺术家，他对金农的诗书画的个中意味，也是心有灵犀的。二人是一生的好友，关系数十年来依然如故。金农晚年所写的《自写真题记》追忆了这样一个故事："十年前卧疾江乡，吾友郑进士板桥宰潍县。闻予捐世，服缌麻设位而哭。沈上舍、房仲道赴东莱，乃云冬心先生虽撄二竖，至今无恙也。板桥始破涕改容，千里致书慰问。予感其生死不渝，赋诗报之。近板桥解组，予复出游，尝相见广陵僧庐。予仿昔人自为写真寄板桥。"

两人即使多年不见，但感情弥深，板桥当时在潍县执政，忽闻金农辞世，虽然只是讹传，也信以为真，竟然亲自设灵位穿丧服痛哭遥祭。后来有人来告诉他金农只是患病，但已经没有事了，板桥这才破涕为笑，写信慰问。这种朋友间的感情实属难得，不仅艺术追求相投，就连性格和脾气也大为一样，这段故事也被传为"扬州八怪"传奇中的一段佳话。

金农年长郑板桥七岁，先板桥一年告别人世。他们自从相识之后，一见如故，互相欣赏，成为至交，直至晚年。

在郑板桥所写的二十人中，尤其值得一提的是高凤翰。他把高凤翰列在二十人之首，可见其推崇之意。

西园左笔寿门书，海内朋交索向余。
短札长笺都去尽，老夫赝作亦无馀。

诗中可看出郑板桥的率直，甚至有些可爱。朋友托他求索高凤翰和金农的书画，短书长信去尽，竟然为了满足朋友的愿望，自己弄了几幅赝品来。在这里又毫不忌讳地全盘托出。也可见他与高凤翰、金农二人的关系非同一般。

郑板桥为高凤翰的画作提笔数篇，其中满是对朋友的推重之辞。如《题高凤翰寒林雅阵图》中写道：

高西园，胶州人，初号南村。此幅是其少作，后病废用左手，书画益奇。人但羡其末年老笔，不知规矩准绳自然秀异绝俗，于少时已压倒一切矣。西园为晚峰先生画，余不及见晚峰，而西园见之；后人不及见西园，而予得友之。由此而上推，何古人之不可见？由此下推，何后人之不可传？即一画有千秋遐想焉！

又如《题高凤翰披褐图卷》云：

岂是人间短褐徒，胸中锦绣要模糊。况经风雨离披后，废尽天吴紫凤图。南阜山人作披褐图，寂寥萧澹。既已蔬食没齿无怨矣。板桥居士为题二十八字，则又怨甚，然居士实不怨也。复录《遣怀》旧作一首，寄于卷内，以与先篇相发明焉：江海飘零窃大名，宫花曾压帽檐轻。樽前更挟韦娘艳，再怨清贫太不情。

从郑板桥的字里行间里，不难读出对朋友艺术技艺的褒奖和仰慕，同时也为能够拥有这样杰出的朋友感到自豪和骄傲。

高凤翰，字西园，号南村，又号南阜。他是山东胶县人，雍正初年，为歙县县丞，在官场派系斗争中，受诬下狱，经历磨难。后虽冤案得昭雪，但使他对仕途失去了兴趣，遂罢官而归。去官为民后，高凤翰侨居扬州，寄宿佛门僧舍。五十五岁时，他右手病残，改用左手舞文弄墨，自号"后尚左手"，刻制"丁巳残人"石章一枚，标志在丁巳年病苦废右手。在扬州时，他与扬州八怪一班文人十分投缘，靠他们资助和自己卖画，漂泊了数年。

高凤翰比郑板桥年长十岁，早十七年去世。高自幼聪颖好学，诗、书、画、篆刻等造诣都颇为精深。十五岁时便与当时已经三十八岁的老乡蒲松龄结为忘年之交，曾为蒲松龄题《聊斋志异》云："……呜呼，我知先生抱奇才不见用，斯空缕影催心肝，不堪悲愤向人说，呵壁自问灵均天……"二十六岁便编著了自己第一部诗集《击林集》，二十八岁又编撰了《湖海集》，后继续编写了《岫云集》、《归云集》等。五十五岁右手残疾后，独靠左手仍坚持创作，其精神顽强奋发。

高凤翰对郑板桥也是极为推崇的，他曾以诗记友。

澹如我辈成胶漆，狂到狂奴有性情。
便去故乡寻旧迹，断碑犹爱板桥名。（《鸿雪集·忆郑板桥》）

郑板桥调任到山东潍县后，高凤翰晚年回归老家，常常骑驴前往造访。后来高凤翰因病去世，板桥怀着对好友的怀念，亲自为他书写了墓碑文。

除了上述三人外，郑板桥还在《绝句二十三首》中写下了"懒向人间作画师"的图牧山、"年年卖画春风冷"的布衣画家傅凯亭、"年年为恨诗书累"的竹刻大师潘西凤、"笔锋下插九州裂"的书法家音布、"宦情不及闲情热"的诗人杭世骏、"百首新诗号竹枝"的董伟业、"文章无命命无灵"的落魄王孙李梅山、"君屈衙官我簿书"的书法家周西擎、"尽是关山离别情"专攻画雁的画师边维祺等。他们大多都是怀才不遇、际遇平平的人。郑板桥热衷于与这些饱学之士交往，渴望能够被他们的奇才所染，也渴求他们的才能可以被世人所知。郑板桥怀着至诚至热的激情写下这些诗篇，希望能够引起世人的重视，激起世人的同情，期望这些星宿的光芒不要被不公的命运遮蔽。

除了为朋友作诗传名之外，对落拓朋友们的帮助更是身体力行，即便是朋友的朋友，他也竭尽所能相助。云南秀才陈坤，因事前往京都，经老友侯嘉璠介绍，借道范县拜访郑板桥。板桥得知后，亲自相迎，给予了热情接待，并向他介绍了京城的一些情况和自己在京的朋友，希望能对他有所帮助。在范县相处了一段时日后，陈坤告别辞行了，郑板桥亲自送别，并写下了《送陈坤秀才入都》送之，希望他能够学有所成，有志竟成。

天台才子侯嘉璠，与予京师饮酒西华门。开怀吸尽玉泉水，只手拔断西山根。是时长安新晴九陌净，月光烂烂升银盆，长风吹天片云邀，银台万树含烟翻，疏星远火动芳甸，迴沙细浪酷似江南村。是后相逢广陵道，予正肩舁人烟岛。左竿一壶酒，右竿一尾鱼。烹鱼煮酒恣谈谑，道傍便借村人居。饮罢茫茫又分去，君从何处得此侯生书？侯生不妄许与人，滇池洱海宁为亲。怜君书法有古意，历落不顾时贤嗟。赠诗赠字指君路,要窥北阙排勾陈。范州知县亦何幸?回车枉驾来沙尘。荒城古柳夕阳瘦,长堤嗥犬秋坟新。此去京师一千里,十日可到浑河津。薄酒寒茶饭粗粝,对人慎勿羞吾贫。京师有僧介庵子,是尔滇南旧闾里。书法晶莹秀且清,秋兰挺拔春桃紫。君往从之必有倚,况兼古碑旧帖藏最多,纵横观之疑问彼。问君此去胡为乎?功名富贵良难图。惟有文章世公器,石渠天禄开通渠。观君运腕颇有力,柔软妥贴须工夫。莫辞长跪首泥地,只纸片字明月珠。书法巨公二老在,法华庵主梁西湖。法华主张公照,梁西湖讳诗正。

郑板桥二十出头考得秀才,又奋斗了二十多年,才在功名之路上终有所成。来自遥远边疆的年轻人陈坤不正是当年的自己吗?他知道这名年轻人的艰辛和不易,热心率真的郑板桥,怎么能够对过去的自己不倾力相助呢?诗篇开始展现了与老友侯嘉璠的交往,流露出对挚友的深深怀念,谈及好友不是随随便便地推荐人的,特别向板桥求助举荐陈坤,自然非等闲之流。作为前辈,郑板桥把这位年轻后辈当作自己的学生,热心地为他指出"怜君书法有古意,历落不顾时贤嗟"。并希望他到了京城之后,能够向自己的老友介庵子僧人湛福请教书法。又把他当作自己的弟弟,亲切地劝诫他"功名富贵良难图。惟有文章世公器",对功名要保持一颗清醒的心,不要为利欲所困,只有真才实学才是最值得追求的。最后特别告诉他法华庵主是自己的好友,有事可以前去求助,等等。絮絮叨叨,欲言又止,如老师、又如兄长,对这位年轻书生的关心之深切,溢于辞藻之间,皆为亲身经验,发自肺腑,让人感动。

又有一名狂才名叫余省三,据郑板桥诗中所云:他"披衣散发焦崖顶。半夜狂扪《瘗鹤铭》,五更冷对文王鼎",是一名恃才狂放的年轻后生。余省三对郑板桥的才情十分仰慕,他漫游姑苏、太湖、焦山、金山,又辗转扬州,寻访郑板桥的足迹。在扬州没有见到偶像,又打道山东,直至范县造访。郑板桥对其来访十分高兴:"椎开俗吏双眉锁"。热情款待自不必说,更是以诗相送,赠金相助,让他能够去拜谒孔陵,观峄山石刻,登泰山极顶,遍游齐鲁,开畅胸怀。

撇杭越,入姑苏。吞震泽,藐西湖。钱塘之潮十里阔,荡以太湖波浪浑如无。惠山买酒醉酩酊,金山脚踢成齑粉。别有寥寥古淡心,披衣散发焦崖顶。半夜狂扪《瘗鹤铭》,五更冷对文王鼎。大索扬州不见我,飘飘千里来山左。袖中力士百斤椎,椎开俗吏双眉锁。俗吏之俗亦可怜,为君贷取百千钱。谒曲阜墓,观峄山刻,登泰山颠。尚有嘶风扫电之骥足,送君云外飞归鞭。君之小游略如此,壮游他日吾从尔。(《赠杭州余省三》)

中国自古便流传了"文人相轻、文人相诋"的说法。有的文人为了争名夺利,各自为派,互相倾轧,闹得不可开交。但与此同时,也有着很好的"文人相携"的传统。那些有着真知灼见、独具慧眼的文士墨客,他们相互砥砺,相濡以沫,同舟共济,共同追求着人世间最永恒的艺术之美,顽强地对抗着命运和生活的不公。这一时期的"扬州八怪"和周遭的朋友们可谓是其典型。他们虽然没有统一的组织或突出的领袖,但他们彼此互助,以诚信,热忱相携,从而自觉地形成了这样一个兼收并蓄、海纳百川的艺术圈环,汇成了一股巨大的艺术创新源流,最终流芳百世,名传至今,至今仍在影响着我国传统艺术发展,成为中国艺术发展史上的耀眼一页。

附1《题陈孟周词后》

陈孟周,瞽人也。闻予填词,问其调。予为诵太白《菩萨蛮》、《忆秦娥》二首。不数日,即为其友人填二词,亦用《忆秦娥》调。其词曰:"光阴泻,春风记得花开夜。花开夜,明珠双赠,相逢未嫁。旧时明月如钩挂,只今提起心还怕。心还怕,漏声初定,玉楼人下。""何时了,有缘不若无缘好。无缘好,怎生禁得,多情自小。重逢那觅回生草,相思未创招魂稿。招魂稿,月虽无恨,天何不老!"予闻而惊叹,逢人便诵。咸曰青莲自不可及,李后主、辛稼轩何多让矣。拙词近数百首,因愧陈作,遂不复存。

圆峤仙人海上飞,吸风饮露不曾归。偶然唾墨成涓滴,化作灵云入少微。

世间处处可怜情,冷雨凄风作怨声。此调再传黄壤去,痴魂何日出愁城?

附2《雍正十年杭州韬光庵中寄舍弟墨》

谁非黄帝尧舜之子孙,而至于今日,其不幸而为臧获,为婢妾,为舆台、皂隶,窘穷迫逼,无可奈何。非其数十代以前即自臧获、婢妾、舆台、皂隶来也。一旦奋发有为,精勤不倦,有及身而富贵者矣,有及其子孙而富贵者矣,王侯将相岂有种乎!而一二失路名家,落魄贵胄,借祖宗以欺人,述先代而自大。辄曰:彼何人也,反在霄汉;我何人也,反在泥涂。天道不可凭,人事不可问。嗟乎!不知此正所谓天道人事也。天道福善祸淫,彼善而富贵,尔淫而贫贱,理也,庸何伤?天道循环倚伏,彼祖宗贫贱,今当富贵,尔祖宗富贵,今当贫贱,理也,又何伤?天道如此,人事即在其中矣。愚兄为秀才时,检家中旧书簏,得前代家奴契券,即于灯下焚去,并不返诸其人。恐明与之,反多一番形迹,增一番愧恶。自我用人,从不书券,合则留,不合则去。何苦存此一纸,使吾后世子孙,借为口实,以便苛求抑勒乎!如此存心,是为人处,即是为己处。若事事预留把柄,使入其网罗,无能逃脱,其穷愈速,其祸即来,其子孙即有不可问之事、不可测之忧。试看世间会打算的,何曾打算得别人一点,直是算尽自家耳!可哀可叹,吾弟识之。

附3《潍县署中寄舍弟墨第二书》

余五十二岁始得一子,岂有不爱之理!然爱之必以其道,虽嬉戏顽耍,务令忠厚悱恻,毋为刻急也。平生最不喜笼中养鸟,我图娱悦,彼在囚牢,何情何理,而必屈物之性以适吾性乎!至于发系蜻蜓,线缚螃蟹,为小儿顽具,不过一时片刻便摺拉而死。夫天地生物,化育劬劳,一蚁一虫,皆本阴阳五行之气絪缊而出。上帝亦心心爱念。而万物之性人为贵,吾辈竟不能体天之心以为心,万物将何所托命乎?蛇蚖蜈蚣、豺狼虎豹,虫之最毒者也,然天既生之,我何得而杀之?若必欲尽杀,天地又何必生?亦惟驱之使远,避之使不相害而已。蜘蛛结网,于人何罪,或谓其夜间咒月,令人墙倾壁倒,遂击杀无遗。此等说话,出于何经何典,而遂以此残物之命,可乎哉?可乎哉?我不在家,儿子便是你管束。要须长其忠厚之情,驱其残忍之性,不得以为犹子而姑纵惜也。家人儿女,总是天地间一般人,当一般爱惜,不可使吾儿凌虐他。凡鱼飧果饼,宜均分散给,大家欢嬉跳跃。若吾儿坐食好物,令家人子远立而望,不得一沾唇齿,其父母见而怜之,无可如何,呼之使去,岂非割心剜肉乎!夫读书中举、中进士、作官,此是小事,第一要明理作个好人。可将此书读与郭嫂、饶嫂听,使二妇人知爱子之道在此不在彼也。

附4《绝句二十一首》

高凤翰

号西园,胶州秀才,荐举为海陵督灞长。工诗画,尤善印篆。病废后,用左臂,书画更奇。

西园左笔寿门书,海内朋交索向余。

短札长笺都去尽,老夫赝作亦无馀。

图清格

号牧山,满洲人,部郎。善画,学石涛和尚。

懒向人间作画师,朋游山下牧羊儿。

崖前古庙新泥壁,墨竹临风写一枝。

李鱓

号复堂,兴化人,孝廉。供奉内廷,后为滕县县令。画笔工绝。

两革科名一贬官,萧萧华发镜中寒。

回头痛哭仁皇帝,长把灵和柳色看。

莲峰

杭州诗僧,雍正间赐紫。

铁索三条解上都,君王早为白冤诬。

他年写入高僧传,一段风波好画图。

傅雯

字凯亭,闾阳布衣。工指头画,法且园先生。

长作诸王座上宾,依然委巷一穷民。

年年卖画春风冷,冻手胭脂染不匀。

潘西凤

字桐冈,人呼为老桐,新昌人。精刻竹,濮阳仲谦以后一人。

年年为恨诗书累,处处逢人劝读书。

试看潘郎精刻竹,胸无万卷待何如!

孙峨山前辈

讳勤,德州人,进士,通政司右通。文章满天下,子孙科甲无算,先生泊如也。

屡劝诸儿莫做官,立官难更立身难。

一门自有千秋业,万石高风国史看。

黄慎

字恭懋,号瘿瓢。七闽老画师。

爱看古庙破苔痕,惯写荒崖乱树根。

画到情神飘没处,更无真相有真魂。

边维祺

字颐公,一字寿民,山阳秀才。工画雁。

画雁分明见雁鸣,缣绡飒飒荻芦声。

笔头何限秋风冷,尽是关山离别情。

李锴

字梅山,又号豸青山人,索相子婿也。极博工诗,辽东世胄。

落魄王孙号豸青,文章无命命无灵。

西风吹冷平津阁,何处重寻孔雀屏?

郭沅

字南江,扬州人,孝廉。工制艺。

点染诗书万卷开,丹黄如绣墨如苔。

客来相对无言说，文弱书生小秀才。

音布

字闻远，长白山人。善书。

柳板棺材盖破祛，纸钱萧淡挂辒车。

森罗未是无情地，或恐知人就索书。

沈凤

字凡民，江阴人，盱眙县令，王篛林太史门生。工篆刻。

政绩优游便出奇，不须峭削合时宜。

良苗也怕惊雷电，扇得和风好好吹。

周景柱

字西擎，遂安人，孝廉。由内阁中书为潮州府丞。工书法。

曾约严滩去钓鱼，春风江上草为庐。

如何万里无消耗，君屈衙官我簿书。

董伟业

字耻夫，号爱江，沈阳人。流寓甘泉，作《扬州竹枝词》九十九首。

百首新诗号《竹枝》，前明原有艳妖词。

合来方许称完璧，小楷抄誊枕秘随。

保禄

字雨村，满洲笔帖式。遇于江西无大师家，赠诗云："西江马大士，南国郑都官。"

曾把都官目板桥，心知诳哄又虚骄。

无方去后西山远，酒店春旗何处招？

伊福纳

字兼五，姓那拉，满洲人。进士，户部郎中。工诗。

红树年年只报秋，西山岁岁想同游。

枯僧去尽沙弥换，谁识当时两黑头！

申甫

号笏山，关中人，孝廉。工诗。

男儿须斗百千期，眼底微名岂足奇。

料得水枯青石烂，天涯满诵笏山诗。

杭世骏

字大宗，号堇浦，杭州人。工诗。举鸿博，授翰林苑编修。

门外青山海上孤，阶前春草梦中癯。

宦情不及闲情热，一夜心飞入鉴湖。

方超然

字苏台，淳安人。工书。为盐场大使。

蝇头小楷太匀停，长恐工书损性灵。

急限采笺三百幅，宫中新制锦围屏。

金司农

字寿门,钱塘人。博物工诗。举鸿博不就。

九尺珊瑚照乘珠,紫髯碧眼聚商胡。

银河若问支机石,还让中原老匹夫。

第三节 为官范县(下)——再见范县

> 独上秋城望,高楼出晓烟。
> 西风漳邺水,旭日鲁邹天。
> 过客荒无馆,供官薄有田。
> 时平兼地僻,何况又丰年。

——《登范县城东楼》

在郑板桥执政范县的这几年,都是较为平稳的。中间除了日常公务,并无烦事。闲暇之余,除了和好友们相聚谈些诗论文艺,举杯唱和,诗文书画又有了长足的进步。年过半百的郑板桥准备了一些银两,打算着手编辑整理自己的旧稿,付梓刊印。

几年前,受慎郡王邀约为其诗集作序,郑板桥不负众望,终于在上任前将允禧的《随猎诗钞》、《花间堂诗钞》跋写毕。也可能由此产生了自己的诗词文章写了大半辈子,也积攒了一大把,何不也做一个集结汇总呢?郑板桥集中现存的《诗钞》、《词钞》、《小唱》、《家书》、《题画》五种，其中前三类就是付梓于范县，《诗钞》和《词钞》后来又进行了删增，于是就成了我们现在能够看到的模样。

写了大半辈子，郑板桥对自己的诗词也有一个自己的评价了。在《前刻诗序》中，他这样写道：

余诗格卑卑，七律尤多放翁习气。二三知己屡诟病之，好事者又促余付梓。自度后来亦未必能进，姑从谀而背直，惭愧汗下，如何可言！

如果说"诗格卑卑"是自谦之词的话，那么"七律尤多放翁习气"恐怕是自己实在的评价，后世也多有评者，如前文交代的李元度在《国朝先正事略》中说板桥"词犹胜于诗"；《仪征志·文艺》也记载道：板桥"作诗不拘体格，兴至则成，颇近香山，放翁"。板桥《刻序》中所言应该是对此较实在公允的评价。在郑板桥的诗集编成后，好友慎郡王允禧曾为他题辞；

高人妙义不求解，充肠朽腐同鱼蟹。
此情古人谁复知，疏凿混沌惊真宰。
振枯伐萌陈厥粗，浸淫渔畋无不无。
按拍遥传月殿曲，走盘乱泻蛟宫珠。
十载相知皆道路，夜深把卷吟秋屋。
明眸不识鸟雌雄，妄与盲人辨乌鹄。（《紫琼崖道人慎郡王题辞》）

这大约是郑板桥诗集的第一位评论者。但出身皇室的皇族幼子对于贫苦书生的诗作似乎理解稍有不足。虽然诗作中满载褒誉之辞，但"按拍遥传月殿曲，走盘乱泻蛟宫珠"这类比较大而化之的评价离郑板桥的哀咏凭吊之感触似乎还是有些距离。

郑板桥对自己的诗作成集是十分认真的，其间做出了无数次的删改和修正。如《道情十首》小跋中就说得很清楚，此小唱是通过"屡抹屡改"而成的。在范县时期编成的《诗钞》和《词钞》也并非原貌，经过多次的删改而留。郑板桥在《词钞》自序中说：

为文须千斟万酌，以求一是，再三更改，无伤也。然改而善者十之七，改而谬者亦十之三。乖隔晦拙，反走入荆棘丛中去，要不可以废改，是学人一片苦心也。燮作词四十年，屡改屡蹶者，不可胜数。今兹刻本，颇多仍旧，而此中之酸甜苦辣备尝而有获者亦多矣。世间为父师者，见其子弟之文疏松爽豁便喜，见其拗涩晦拙便忧。吾愿少宽岁月以待之，必有屈曲达心、沉着痛快之妙。天下岂有速成而能好者乎？

作词四十余载，修改不计其数，可见郑板桥对待自己的心血如此认真。但同时不可忽略的是，他位居仕宦，不得不规避一些带有禁忌色彩的篇章；另外则是大环境下，清朝严酷的文字狱也不无关系。

因言治罪是维护专制统治的绝招之一，为了维护绝对的权力，统治者对排除异己的手段可谓是无所不用其极。文字狱往往只是故意从作者的诗文中摘取字句，罗织成罪。在中国，文字狱最早可以追溯到秦始皇焚书坑儒，后来的皇帝承前启后，除了汉唐盛世较少以外，历朝历代都遍布文字狱的悲剧，千万知识分子遭受迫害。有时候仅仅因为触犯了统治者的好恶，而惨遭灭门。比如著名的竹林七贤之一的嵇康就因写作的《与山巨源绝交书》令执政者司马师"闻而恶之"，而被斩于东市。又如明朝开国皇帝朱元璋，因为参加过元末农民起义，十分讨厌"贼""寇"等字眼，又因为他当过和尚，所以对"光""秃""僧"这些字都非常讨厌。一次，仅仅因为杭州府学教授徐一夔在书上用"光天之下""天生圣人""为世作则"等语赞美他。硬认为"光"是指光头，"生"就是"僧"，是在骂他当过和尚，"则"与贼近音，意在骂他是贼，竟下令把徐一夔杀了。到了清朝之后，由于清朝是满族统治，作为一个外来民族，对于至高的权力更有着史无前例的危机感，作为代价，清朝时期的文字狱是空前绝后的，而且随着统治的稳固而加深，越是统治稳定的时期，文字狱就越是登峰造极，是中国历朝以来文字狱爆发最多的朝代。据记载，仅庄廷鑨《明史》一案，"所诛不下千余人"。从康熙年间到乾隆年间，就有十多起较大的文字狱，被杀人数之多可想而知。

浙江慈溪人裘琏，少时曾戏作《拟张良招四皓书》，内有"欲定太子，莫若翼太子；欲翼太子，莫若贤太子""先生一出而太子可安，天下可定"等语句，当时颇为传诵。康熙末年，七十岁的裘琏中进士，后来致仕归乡。雍正七年（1729），八十五岁的裘琏突然被捕，原来有人告发他那篇代张良写的招贤信是替废太子胤礽出谋划策。次年六月，八十六岁高龄的裘琏竟然惨死于京师狱中。少年戏笔，老年得祸，由此在知识分子之间兴起了"人生识字忧患始"的说法。可见文字狱对知识分子的禁锢程度之深，犹如一把随时就将落下，取人性命的达摩克利斯之剑。郑板桥对此也是避之唯恐不及，很多作品直接销毁或删改和清朝残酷的文字狱迫害不无关系。

总之，郑板桥在范县所编的《诗钞》、《词钞》、《小唱》可谓是历经磨难得以出世。对于五十多岁的郑板桥而言，这应该算是他人生创作历程中的一个里程碑。对于社会而言，这虽然不能引起洛阳纸贵般的惊天地裂，但和别的一些文学雅作不同的是，郑板桥的诗词在社会的各个阶层都引起了不小的反响。《小唱》更是"传至京师，幼女招哥首唱之，老僧起林又唱之，诸贵亦颇传颂"。无论是秦楼楚馆，还是世外寺庙，不论是下里巴人还是上层权贵，人们都喜欢郑板桥的作品。而这也是郑板桥的诗词不同于其他历史上的文豪墨客，所具有的独特生命力，不可忽视。

　　范县为官这段时期，郑板桥的书法随着创作环境的安逸和舒适，也发生了一些重要变化。在黄山谷、怀素的路子上探求了一段之后，他的重点转向了汉魏古典。在临摹的《兰亭序》及《跋临兰亭序》中可以很明显地看出这一倾向。

　　　　黄山谷云：世人只学兰亭面，欲换凡骨无金丹。可知骨不可凡，面不足学也。况兰亭之面，失之已久乎！板桥道人以中郎之体，运太傅之笔，为右军之书，而实出以己意，并无所谓蔡、钟、王者，岂复有兰亭面貌乎！古人书法入神超妙，而石刻木刻，千翻万变，遗意荡然。若复依样葫芦，才子俱归恶道。故作此破格书，以警来学，即以请教当代名公，亦无不可。乾隆八年七月十八日，兴化郑燮并记。

　　这段文字集中反映了郑板桥此时对书法继承和创新的看法有了新的境界。首先他主张"面不足学"，因为"石刻木刻，千翻万变，遗意荡然。若复依样葫芦，才子俱归恶道"。古人书法中所具有的风神、气韵才是临摹的精髓所在，即所谓"遗风"。只有抓住了古帖中的风骨神韵才是学到了精华，不然就只是依葫芦画瓢，得其皮毛。另外，他还主张"出以己意"。即便是"以中郎之体，运太傅之笔，为右军之书"，也必须要有自己的主张和想法，才能写出自己的个性。所谓"出以己意"就是通过临摹古人，汲取古人的艺术精华，使之成为自己创作的源泉之一，为己服务，方能写出具有自己个性风骨的作品来。这正是郑板桥一生以来的"狂怪"个性所使然。

　　根据后世书法家对这一时期郑板桥的书法评价来看，他所临的《兰亭序》

的确与其他书法不同。从整体章法中，可以看出清丽恬淡、潇洒简远之风。用笔上，隶书楷书相互参差，捺笔几乎全是隶书，而撇笔偶尔却以画兰之笔出之。横画顿挫，形状似竹，颇有楷隶相合的意思。字体近扁，大小错落有致，全篇富有参差变化，虽然接近隶书，但又没有隶书的规矩，更多得力于钟繇。从钟繇传世的《荐季直表》等作品来看，郑板桥的结字是颇得其奥妙的。

范县平稳的日子稍纵即逝，乾隆十一年，郑板桥五十四岁，在当了四年多的范县知县后，奉命调往潍县。八月初八，郑板桥吩咐书童说："明天我们就要离开范县了，咱们一早步行，悄悄离开县城，以免惊扰百姓。"

这天夜里，郑板桥躺在床上，回想在范县五年，给自己留下了许多深刻的记忆。开头两年，为着防涝治碱、肃盗、审案，费了不少心血，受了不少挫折，现在，可是好多了。这个贫困小县，社会清平了，百姓安居乐业了。有人说：三年清知府，十万雪花银。郑板桥当了五年县令，全部家当，依然是一只书箱一张琴。

八月初九的早晨，他早早吃过早饭，便和书童一起离开了范县县衙。一出衙门，两人都愣住了。从衙前往东看，大街中央五步一桌，十步一案，桌案上摆满了米酒、菜肴。街道两旁站满了送行的百姓。走到第一张桌案前，有两位长者，移步向前，跪地施礼："请大老爷暂留步，尝一尝小民家里的丰收酒。"板桥急忙深揖还礼，将长者搀起，连连说道："父老深情，不敢当，实在不敢当！"百姓们个个热泪盈眶，扶他坐在桌前的椅子上，恭敬地献上三杯酒。郑板桥站起来接杯在手，一连三杯都是仰头一饮而尽。

范县小城，从衙门到东门，不过半里路，一一饮完送行酒，已经过了一个多时辰。一出城门，送行的人群满路皆是，排了好几里路。郑板桥一路作揖告别，劝父老们留步。可是，大家嘴里应着，脚下却不肯停步。

郑板桥一面用衣袖挡脸上的泪痕，一面不断回头张望，过了好久说道：

"范县民风实在淳朴可爱！百姓心地好，知情，知义。"

回想到，去年金秋今日一早登上金碧辉煌的范县东城楼，登高望远，昔日不毛之地，今成粮米之乡，禁不住又吟起《登范县城东楼》。

独上秋城望，高楼出晓烟。
西风漳邺水，旭日鲁邹天。
过客荒无馆，供官薄有田。
时平兼地僻，何况又丰年。

走出范县地界，离开自己朝夕相处四年的地方，第一座出仕任官的小县城，郑板桥心里一阵痛失知己之感，黯然神伤，他叹了口气，合上了眼睛。郑板桥离去后，范县百姓为他在城南门外金堤上，竖起一通德政碑，永远怀念这位范县历史上的清官。

郑板桥离开范县后，仍然魂牵梦绕。他怀念这块水土，怀念这块土地上的百姓，同时还有些私人方面的原因。其在《赠范县旧胥》中写道：

范县民情有古风，一团和蔼又包容。
老夫去后相思切，但望人安与岁丰。
旧胥来索书，为作十纸，此其末幅也。感而赋诗，不觉出涕。罢官后，当移家于范，约为兄弟婚姻。板桥郑燮。

该诗是他离开范县数年后，在潍县令的任上写的，不仅追忆了这段生活，也怀念了古风犹存的范县并期望这片可爱的故土能够一年又一年风调雨顺。

第六章 宦海生涯：能员廉吏诗付梓

第七章

饥荒放赈：济世惠民召饥民

五十四岁的郑板桥,刚刚来到山东潍县担任县令,就经历了百年不遇的饥荒灾难。为尽力挽救黎民,作为父母官的郑板桥不惧上官威严,屡屡上报灾情竟遭大过处分,与权贵分道扬镳,也为郑板桥的仕途终点埋下祸根……

第一节 潍县抗灾救难

> 相思不尽又相思，潍水春光处处迟。
> 隔岸桃花三十里，鸳鸯庙接柳郎祠。
> 纸花如雪满天飞，娇女秋千打四围。
> 五色罗裙风摆动，好将蝴蝶斗春归。
>
> ——《怀潍县二首》

乾隆十一年，郑板桥五十四岁了，他已经在范县出仕差不多快五年。这个时候，他接到上级的指派，转往山东的另一个县城潍县（今潍坊）担任县令，开始了他一生中最后几年的宦海生涯。回顾范县的几年光阴，郑板桥初上仕途，过的是比较惬意的。他时时走向百姓，了解民生疾苦；又或是以文会友，推荐帮助贫苦的读书人；再或给无名才俊立传；闲暇之余将自己的诗集结册，付梓成书。政务之外，甚至还一显江南才子本色，做了点古玩的小生意。范县地处华夏文明发源地，历史悠久，但县城闭塞，货无识家，郑板桥便卖了一点,带回老家,或托朋友到扬州出售。对此,他颇得要领,甚感满意,在《与四弟书》中(泰州博物馆藏墨迹)写道:"我已买得滚盘珠十二颗,虽颗头略小亦可值二十金。有买得古镜一百面,亦可值百金。"这些古镜后来还赠予来看他的金德瑛状元,并题诗《小古镜为同年金殿元作讳德瑛》留念,"料得君心如此镜,玉堂高挂古清寒。"

这次调往潍县的原因,现在我们已经不得而知,相比巴掌大小的范县来说,潍县可谓是一座更为繁华的古城。潍县古城的历史,最早可以追溯到秦朝时期。当年,秦始皇修筑的驰道,穿越潍坊城区,形成四通八达的交通网。从此,这里成为京东古道的重要枢纽,商贾聚会,物资集散,堪称胶东咽喉、工商重镇、军事要冲,城池的规模也由此出现。早在两千多年前,于秦国潍河上的一处重要渡口使得潍县古城的交通条件更为得天独厚。由于后来潍河改道东移,渡口也随着迁移到了东圩渠安家落户。交通的方便使潍坊的地位大大上升,成为当时驰道上重要的交通枢纽和物资集散中心。

潍县古城是名副其实的风筝的故乡。风筝,古名"纸鸢",又名"鹞子",是普及于山东各地的一种玩具,尤以潍县为盛。最早可以追溯到鲁国大思想家墨翟制作第一只"木鸢",至今已有两千多年的历史。到了清朝中期,潍县已经有了专门从事风筝制作的民间手工艺人。相传一名姓陈的哑巴艺人技艺最高。他糊的风筝新颖好看,花样繁多,而且放得又高又稳。清朝年间,潍县当地清明节前后竞放风筝也成了当地的踏春风俗。据《潍县志稿》载:"本邑每逢寒食,东门外,沙滩上……板桥横亘,河水初泮,桃李葩吐,杨柳烟含,凌空纸鸢,高入云端。""清明,小儿女作纸鸢、秋千之戏,纸鸢其制不一,于鹤、燕、蝶、蝉各类外,兼作种种人物,无不惟妙惟肖,奇巧百出。"郑板桥的诗词中也不乏潍县风筝民俗的描写。

相思不尽又相思，潍水春光处处迟。
隔岸桃花三十里，鸳鸯庙接柳郎祠。
纸花如雪满天飞，娇女秋千打四围。
五色罗裙风摆动，好将蝴蝶斗春归。（《怀潍县二首》）

山东历史上是鲁国的疆域，是孔子的故乡，潍县自古也是人才辈出的人杰灵秀之地。清朝年间，出自山东的六名状元中，有两名就出在潍县。潍县相比范县来说，更为繁荣鼎盛，对于郑板桥来说，有着更为广阔的天地。

在前往潍县任职之前，郑板桥得以有空回了一趟老家，并顺道重游了扬州故地。十载扬州卖画，郑板桥对扬州这片烟花故地，好比是人生的第二故乡，有着不一般的感情。此行重游，比起当年的落拓营生，可谓是荣归故里了，板桥心情一片大好。见《题李萌岁朝图》云：

一瓶一瓶又一瓶，岁朝图画笔如生。
莫将片纸嫌残缺，三百年来爱古情。

乙丑冬十有二月，游扬州东郭，见市上有此画，几于破烂不堪，属装画者托之，常挂几席间，聊以存元初笔仗云。板桥郑燮灯下志。

乙丑年正是乾隆十年。十一年郑板桥上任潍县，可见这首诗是当时重游扬州时候写下的。又见一首画竹的题诗中写道：

晨起江边看竹枝，一团青翠影离离。
牡丹芍药夸颜色，我亦清和得意时。

落款时间均是乾隆乙丑年，想必是同一时候所作。"晨起江边看竹枝"，"牡丹芍药夸颜色"，赏竹看花，自是"清和得意"自在的心情。在这段时间的诗作都可以反映出郑板桥的心境颇好，没有任何不悦之词。也可见这次潍县调动，虽然官职上是平级，但辖区的范围和经济情况都上了一个台阶，郑板桥自然对于此行应是志得意满。

然而，谁也没有想到的是，世事纷扰，潍县之行，对于郑板桥而言，从开始就并不顺利。刚刚到达潍县上任不久，便遇到了史无前例的危机。据《清史稿·高宗本纪》记载，"乾隆十二年正月，赈山东寿光等十三州县饥"。《清史》本传及《扬州府志》、《兴化县志》郑燮的条目下，都有"官潍县时岁歉，人相食"之类的记载。这次大饥荒从乾隆十一年开始直到十四年才有转机，历经四年之久，达到了惨绝人寰的境地。

潍县不仅是交通要冲，而且是沃土千里的粮仓，有着"小江南"的美称。但根据史料记载，乾隆十年（1745）到乾隆十四年（1749）发生的大饥荒已经到了"人相食"的地步，可见这次灾难影响程度之严重。面对着满城嗷嗷待哺的遍野哀鸿，郑板桥心急如焚，新到潍县就遇到如此严峻的挑战，他决心扛起救灾的大旗，带领潍县的百姓挺过这百年不遇的难关。

这时候，潍县百姓家的烟囱早已断了炊烟，无米下锅，郑板桥当机立断，决定"开仓赈贷"。据《兴化县志》记载：郑板桥"调潍县，岁荒，人相食，燮开仓赈贷，或阻之，燮曰：此何时？俟辗转申报，民无孑遗矣。有遣我任之。发谷若干担，令民具领券借给，活万余人"。《扬州府志》也有类似记载。连年歉收，加上自然灾害，使得普通百姓家早已断了口粮，揭不开锅。但令人愤怒的是，地方官员为了升迁，不管百姓生死，欺上瞒下，隐瞒实情，使得大饥荒终于爆发。当时山东当地的巡抚、知府等官员，为了讨好皇上，瞒报灾情，甚至在皇帝查问时，还说饥荒已过。郑板桥在看到上报灾情的不实公文之后，非常恼火,以实情数目禀告,谁知还被扣上了"谎报灾情"的帽子。但他仍然坚持辗转,将灾情上报,以便获得中央的支持,共同救灾。功夫不负有心人,通过各方努力,才得以让山东的饥荒实情报至中央,但郑板桥一而再再而三地上报和顶头上司们的瞒报一再发生抵触,实为旧时官场"大忌",后果可想而知。

大灾面前,百姓的生死就在一线之间,郑板桥作为一县之父母官,他已经不能再犹豫。当时清朝各县均设有常平仓,镇设有义仓,乡村还设有社仓。县级的归国家专管,各省委派道员专管,主要用来春夏出粜,秋冬籴还,平价生息,遇灾即向灾民放赈。义仓、社仓由当地公推人专管,也是春借、秋还,意在便民。一般都是低息,每石收息一两斗,灾荒减息或全免。大县,像潍县一般都有两万石左右。可是若要使用,必须严格申报请示,得到批准方可动用。可是到了雍正后期,这些便民措施反倒成为了贪官们鱼肉百姓的工具。他们利用手中的权力,平时囤积居奇,等到灾荒时高价出售。由于请示批复往往因为路途长久容易延误,来来回回,等到批复下来,只怕灾民都已经化为尘土。

在这生死关头,是果断打开粮仓,先斩后奏,甘冒风险,还是层层申报,等着慢而再慢的审批,耽误时机呢?生死攸关的紧要关头,郑板桥义不容辞地选择了前者。中国自古以来都是一个农业大国,古时的农业耕作,天气因素的影响极大,如果连续遇到旱灾、涝灾或收成不好的年头,间或遇到战乱或昏君当道的年代,饥荒"人相食"之类的悲剧往往难以逃脱。在发生这些悲剧时,也可见到魑魅魍魉般的众官百态。有借机浑水摸鱼,囤积粮食,大发国难财的;有为保乌纱帽不倒,对百姓死活睁只眼闭只眼的;也有以百姓生死为己任,犹如普罗米修斯一般,打破常规,为民解难的,种种现象,不一而足。农业国家财政大部分靠农业产出来支持,因此政府对官粮有着严格的规定,虽然是非常时刻,但如果打破惯例的话,处于你争我斗的官场,本来是为民打破常规的做法却很有可能沦为异己的把柄,因此很多官员,选择的是按部就班,层层上报的方式来救灾。但这种水深火热的时刻,救灾的同时也是在和时间赛跑,按部就班的结果往往就是黎民相食或易子而食等等惨剧。郑板桥当机立断,开仓赈贷,他选择的是一条打破官府常规的险路。

很不幸的是,他的这一做法,虽然解了百姓之急,但也为自己后来的仕途不顺埋下了祸根。"以岁饥为民请赈,忤大吏,遂乞病归。"又见《潍县竹枝词》小注上留有:"乾隆十二年告灾不许,反记大过一次,百姓含愁,知县解体。"这正是当时情况的真实反映。

除此之外,郑板桥还调集各方力量全力救灾。他不仅开仓赈民,同时晓谕那些富庶的人家,囤积粮食的大户,立即平粜粮食给灾民。《国朝耆献类征》记载的是,"籍中大户,开厂煮粥,轮饲之;尽封积粟之家,则其平粜。""平粜"就是要求这些囤粮等着发不义之财的大户以平价来出售粮食,禁止他们哄抬粮价。能够有实力囤积粮食的很明显都是那些当地的豪绅大族,郑板桥的这一做法,显而易见会开罪大户,但是在大灾面前,郑板桥没有选择退却,他毅然迎面而上,全力以赴,只求能够多救活几个嗷嗷待哺的灾民。

乾隆十二年,三十出头的乾隆帝正是年轻气盛、励精图治的年纪。他辗转终于得知山东灾荒已十分严重,地方大员救灾不力,并且欺上瞒下,感到十分愤怒。于四月接连下了几道圣旨,怒斥地方大员,并委任当时任江南河道总督的高斌到山东负责督查救灾。高斌以一品大学士兼吏部尚书的身份到山东,马上调拨邻省粮食进行救灾。为了防止当地官员故技重施,乾隆又于五月发下紧急诏谕。

上谕军机大臣等:山东登、莱、青三府亦有被旱欠收之处。前据阿里衮只报安邱、诸城二县,朕闻不止于此。不知近日麦收如何?民间情形如何?可传谕询问。

若有应须酌量筹画接济者，一面奏闻，一面速行办理，务使贫民不致失所。因目前时日已迫，不可再迟！（《山东通志·列圣训典》）

高斌是经过了雍正、乾隆两朝的能臣老将，办事得力。经过多方协调，赈灾粮款纷纷到位。高斌与郑板桥在扬州曾有过交道，郑板桥陪同他在山东各地巡视灾情，马不停蹄，就连高斌的生日都是在路上过的。五月下旬，天降喜雨，长达近一年的大旱终于迎来了甘露。郑板桥十分高兴，特别作诗道：

相公捧诏视东方，百万陈因下太仓。
天语播时人尽饫，好风吹处日俱长。
村村布谷催新绿，树树斜阳送晚凉。
多谢西南云一片，顿教霖雨遍耕桑。
五日生辰道上过，山根云脚水罗罗。
冲泥角黍蘘翁献，介寿蒲尊瓦盎多。
马上旌旗迷渤海，柳边舆盖拂潍河。
愚民攀拽无他嘱，为报君王有瑞禾。

（《和高相公给赈山东道中喜雨并五日自寿之作》）

姗姗来迟的喜雨虽然滋润了干旱的大地，可是谁知道这喜雨接二连三，淅淅沥沥地下了好几个月，山东转眼之间又变成大涝。齐鲁百姓刚离开了久旱，谁知又遭遇了洪涝。一波未平一波又起，一时间噩耗再起，山东各地灾情不断。郑板桥这时候被朝廷调离，曾两度短暂离开了潍县。一次是到济南任山东乡试"同考官"。按照清朝科举，举行乡试时，为防止有人作弊，试官入院后即封锁内外门户，称为"锁院"。考官们的活动被限制在院内，直到阅卷结束，

第七章　饥荒放赈：济世惠民召饥民

放榜以后，才能解禁。锁院期间，主考官与各位考官之间饮宴觥筹，吟诗唱和。相比起救灾前线如火如荼的生活，锁院之内的考官生活倒是给郑板桥带来了一丝轻松。这段时间，他也有了闲情逸致，作了不少诗画，看着参加乡试的莘莘学子，也不免想到自己中了举人后，与饶氏的偶然奇遇，举笔作了《偶记》。整篇文章以行书写成，称之为《行书扬州杂记卷》（现藏上海博物馆）。文中回想起当年在扬州因诗书画出众，名利双收，又得美人、古玩、重金等等："一为江五狗求板桥联语，因得玉杯。一为常某索板桥题句，因得一爱僮。一为记金农、李及板桥自己等人在扬州'皆以笔租墨税，岁获千金，少亦数百金，以此知吾扬之重士也'。显然一派洋洋自得，穷书生成功逆袭的得志嘴脸。

比起在济南的锁院生活来说，被调任乾隆东封书画史被郑板桥看来是一生中最大的荣耀。于济南省城当"同考官"才结束，第二年春便被临时抽调到泰山筹备大驾东巡，直接见驾，并将随侍乾隆皇帝左右。乾隆的此次东巡，规模十分隆重，是他即位后的第一次远巡。郑板桥在这次东巡中担任的"书画史"一职还不是可有可无的闲杂人员，他专门负责为皇帝登泰山作环境布置。郑板桥接到任命后，马不停蹄地赶往泰山顶上，忙活了一个多月，可惜乾隆只在山顶停留了片刻，当日就下山了。乾隆十三年二月二十八日，乾隆到泰安府，二十九日登泰山，当天下山。三月初一在泰安赐宴各迎觐大臣和扈从。郑板桥作为一名小小的七品芝麻官，很可能没有资格前去赴宴，否则岂不应该大肆吟诗作赋。乾隆三月初二就离开泰安前往济南了，郑板桥的"东封书画史"一职也就到此结束。可是对于这次任务，郑板桥究其一生都颇以此为荣，以能够亲自为乾隆皇帝服务过为自豪。用他的话说是"卧泰山绝顶四十余日，亦足豪矣"，并且还专门刻了一枚图章："乾隆东封书画史"，但这名自豪的书画史却可怜兮兮地连乾隆的面都没见上。

这两次的调离,都是临时性的,时间十分短暂,很快郑板桥又回到了辖地潍县。高斌大员带来的喜雨,很快却又招来了洪涝。为了尽全力救灾,郑板桥绞尽脑汁。据《国朝耆献类征》记载:"丙寅丁卯见,岁连歉,人相食,斗粟值钱千百。令大兴工役,修城凿池,招倈远近饥民,就食赴工。"经过了一系列的赈灾工作,郑板桥也对救灾、赈灾这一套更有了方法和主意。他意识到单靠朝廷拨粮,路途遥远,周期太长,地方各级层层盘剥克扣,很多粮食常常不能发放到灾民手中。而且,灾民们得到皇粮,也只是一时之快,灾荒不停止时,靠皇粮救济,当然不是长远之计。

授人以鱼不如授人以渔。也许是急中生智,郑板桥打算在县城内搞一些公益工程,一方面百废待兴可以清除接二连三的灾害给潍县带来的晦气,重振灾民们的士气;另一方面,可以让灾民们有活干,有活干就是有饭吃,这样也不会因粮食不足引起民愤,也能够很好地安抚民心,这真是一举多得的行动。

主要有代表性的工程如潍县城墙、周公祠。雍正八年夏天,白狼河水上涨,冲倒了一千多尺的城墙,之后由于积水浸泡,又倒了一千八百多尺。郑板桥决定召集县里乡绅招工修复,议定每尺工钱为六千文,各个富户自行根据实力承担平摊,并由公推的乡贤郭伟业、郭耀章全面负责集款督修,郑板桥不经一钱一物,自己出钱修缮六十尺,后来又加捐了二十尺。县令带头,县里大户纷纷响应。工程从乾隆十三年九月开工,到乾隆十四年三月正式竣工,郑板桥带领着全县百姓,风风火火地干了大半年。潍县城墙竣工后,郑板桥特地作了《修城记》刻石。

潍县旧土城,崇祯十三年易土而石。不费国帑,诸绅士里民自为之。雍正八年六月二十四日,白浪河水涨,齐城腰,一时倒坏千四百余尺。是后渐次倾圮千八百尺有余。板桥郑燮来莅兹土,顾而伤之,谋重修。诸绅士慨然乐从。遂于乾隆戊辰

十月开工,明年三月讫工。燮以邑宰捐修八十尺,其代修者郭伟业、郭耀章也。(《潍县志稿·营缮志·城坞》)

  周公祠是为纪念潍县反清名将周亮工而修建的。明崇祯十五年(1642)末,已经是飘雪的腊月,临近过年,但潍县城里却丝毫没有一丝年味,城外布满了黑压压的清兵。此前,清兵已经攻克了济南等六十余城,所到之处,烧杀抢掠,生灵涂炭。清军将领阿巴泰率水陆两军南下,水军从莱州湾入侵,先攻陷莱州、昌邑、安丘等县,又从潍北烽台登陆,集中骑兵三千,步兵万余人,大举围攻潍县城。当时潍县城内并没有多少军队,负责守城的是刚刚上任一年,年满三十岁的县令周亮工。潍县虽然不像济南是座大城,但由于潍县的防卫设施修得十分完备,城内青壮年兵将训练有素,清兵炮轰了一个多月,但就是无法入城,一筹莫展。无奈之下,清兵打起了挖地道的主意,腊月十二,清兵猛攻城西北角,并开始昼夜挖地道,准备通过地道偷袭进城。但很快,被周亮工的守兵们截断了敌人的地道,粉碎了清兵的奇谋。清兵气急败坏,又从多个方向往城内修地道,更是调集了一百多架云梯,企图上下发力,猛烈攻城。

  潍县告急,周亮工只好挥手写下血书送往北京,请求援兵,但当时明朝气数已尽,北京已经沦为一座空城,哪里还有什么援兵来救潍县小城。周亮工破釜沉舟,让人在他的胸前及衣襟上写上"潍县令周亮工之尸"几个大字,并盖上了官印。他说:贼入我死,这样好找到我。他与城池共存亡的决心激励了全城军民,大家士气大振,他们用榆树做成擂木,用滚石投掷敌群,用点燃的草束烧敌人的云梯。全城官兵百姓同仇敌忾,坚守阵地,战斗一直持续了三个多月,但清军始终没有办法攻下潍县城,最终只好被迫撤退。一年后的农历三月十七,李自成的大军围困了北京城,北京城未经抵抗即陷落,第二天的夜里,明代的最后一位皇帝崇祯走向了紫禁城北面景山上的一棵树,上吊自尽。覆巢之下焉有完卵？千里之外的潍县小城却得以保全，这是一个奇迹。在周亮工的带领下，潍县古城逃过了战火的蹂躏，全城百姓为了纪念这位父母县令的恩情，修建了这座周公祠。经过了近百年的风吹雨打，正值大灾之际，郑板桥召集乡亲重新对它进行了修葺。

通过这些大胆勇敢的举措，郑板桥稳住了潍县的民心，挽救了潍县百姓的生命，将他们从死亡线上拉扯了回来。百姓为了纪念其功德，特别为郑板桥、周亮工和另外一名治县有功的县令赖光表合立了"生祠"来供奉，周公祠也从此改名为三贤祠。潍县百姓年年岁岁来此供奉，永为纪念。

历史很残忍，但有时候却又很温情。一百多年后，郑板桥的同乡、著名文学家刘熙载来到潍县，听到百姓们对这位前辈的传颂，深受感动，作为同乡后辈，刘熙载深情地作下了这首感人肺腑的《浪淘词》。

序：闻潍人颂吾乡郑板桥先生遗政，有感而作。

孤抱出风尘，兀傲嶙峋，拈来俚语也精神，书画是雄还是逸，只为天真。

北海吏称循，别有奇勋，蹇驴破帽起人文，听说文翁亲教授，恐系前身。

第二节 天地良心，不忍黎民受难

衙斋卧听萧萧竹，疑是民间疾苦声。

些小吾曹州县吏，一枝一叶总关情。

——《潍县署中画竹呈年伯包大中丞括》

有着"小江南"美誉的潍县，却遭遇了大灾难。灾难面前，百姓黎民，命如草芥。虽然郑板桥带领着潍县全城百姓挺过了浩劫，但是父母官的良心和艺术家天生的敏锐感驱使着他，用他的笔记录下了这场天灾人祸，记下了黎民众生的困难。

前文（第六章第一节）中曾讲到过郑板桥为官范县期间，曾写下了《悍吏》、《私刑恶》、《抚孤行》、《孤儿行》、《后孤儿行》等反映民生疾苦的诗篇，这些篇章映射了郑板桥作为一名出身底层民众的读书人，进入仕途后仍保持着朴素的民本思想和对普通百姓质朴的同情心。如果说这些篇章反映的是普通底层人民的生活，那么在潍县时期写下的《逃荒行》、《还家行》、《思归行》等篇章则更为惊心动魄，这是作为诗人的郑板桥在经历了大灾难后留下的饱含着热血和眼泪的作品。

　　《逃荒行》一开篇，郑板桥便向人们展示了一幅惨绝人寰的画面。百姓无力抵挡灾荒的来袭，为了不至全部饿死，悲苦无奈之好做出"十日卖一儿，五日卖一妇，来日剩一身，茫茫即长路"的抉择。能卖的都卖了，剩下的也不能坐以待毙，只有背井离乡，逃亡他乡，抱着最后的希望能够在异地他乡挣扎下去。然而这通往希望的道路是如此的渺茫，等待着这些可怜的人们的，是未卜的、更加残酷的命运。许多人在路上死去，剩下的人们经过千辛万苦来到关东，却见到异乡原来和故乡贫穷无异。原来寄予希望的地方却不如想象中的美好，但既来之已再无回头路，好在遇到新的主人，能够有活可干，混一口营生，勉强挣扎下来。经过辛勤的劳动，精耕细作，才勉强维持生活，但在寻找牛羊的同时，望着天空中落下的夕阳和漂浮着的白云，他们就会想家乡，何时才能返回自己的家乡呢，不由得悲痛万分，痛哭流泪。

　　　　十日卖一儿，五日卖一妇。
　　　　来日剩一身，茫茫即长路。
　　　　长路迂以远，关山杂豺虎。
　　　　天荒虎不饥，旰人饲岩阻。
　　　　豺狼白昼出，诸村乱击鼓。
　　　　嗟予皮发焦，骨断折腰膂。
　　　　见人目先瞪，得食咽反吐。
　　　　不堪充虎饿，虎亦弃不取。
　　　　道旁见遗婴，怜拾置担釜。
　　　　卖尽自家儿，反为他人抚。

路妇有同伴，怜而与之乳。
咽咽怀中声，咿咿口中语。
似欲呼爷娘，言笑令人楚。
千里山海关，万里辽阳戍。
严城啮夜星，村镫照秋浒。
长桥浮水面，风号浪偏怒。
欲渡不敢撄，桥滑足无屦。
前牵复后曳，一跌不复举。
过桥歇古庙，聒耳闻乡语。
妇人叙亲姻，男儿说门户。
欢言夜不眠，似欲忘愁苦。
未明复起行，霞光影踽踽。
边墙渐以南，黄沙浩无宇。
或云薛白衣，征辽从此去。
或云隋炀皇，高丽拜雄武。
初到若夙经，艰辛更谈古。
幸遇新主人，区脱与眠处。
长犁开古迹，春田耕细雨。
字牧马牛羊，斜阳谷量数。
身安心转悲，天南渺何许。
万事不可言，临风泪如注。

哀号绝望的流民们，他们心中永远想念着自己的故乡，灾情稍缓，他们纷纷从远方归来，很多人死在了逃荒的路上，埋葬他乡，有的人活了下来，"拜坟一痛哭，永别无相望"。而今，生还者要返乡了，待自归来，四壁萧然，野草覆径。井蛙、孤狐、鼠类四处乱窜，哪里还像是个家。但好歹是自己的故乡，坚强地重新安排整顿，安顿好，却又悲从心来，想到曾卖去的妻子儿女，不由肝肠寸断，潸然泪下。幸好上面允许，可以赎回卖去的妻儿，可是妻子被卖，如今重新成家，又有了子女。而今是回归故夫，但又活生生拆散了新的家庭，抛去了新夫幼子，又是一场生死离别。这个辛酸无助的故事，就是郑板桥后续写下的《还家行》。

死者葬沙漠，生者还旧乡。
遥闻齐鲁邦，谷黍等人长。
目营青岱去，足辞辽海霜。
拜坟一痛哭，永别无相望。
春秋社燕雁，封泪远寄将。
归来何所有，兀然空四墙。
井蛙跳我灶，狐狸据我床。
驱狐窒鼯鼠，扫径开堂皇。
湿泥涂四壁，嫩草覆新黄。
桃花知我至，屋角舒红芳。
旧燕喜我归，呢喃话空梁。
蒲塘春水暖，飞出双鸳鸯。
念我故妻子，羁卖东南庄。
圣恩许归赎，携钱负橐囊。
其妻闻夫至，且喜且彷徨。
大义归故夫，新夫非不良。

摘下乳下儿，抽刃割我肠。
其儿知永绝，抱颈索阿娘。
堕地几翻覆，泪面涂泥浆。
上堂辞舅姑，舅姑泪浪浪。
赠我菱花镜，遗我泥金箱。
赐我旧簪珥，包并罗衣裳。
好好作家去，永永无相忘。
后夫年正少，惭惨难禁当。
潜身匿邻舍，背树倚夕阳。
其妻径以去，绕陇过林塘。
后夫携儿归，独夜卧空房。
儿啼父不寐，灯短夜何长。

生离死别是苦，好不容易越过饥荒生死线，再次相逢，却又造成了新的离别。《还家行》一诗充满了浓厚的悲剧色彩，郑板桥为他在灾难中见到的小人物的悲剧命运，感怀心伤。

从《逃荒行》到《还家行》，郑板桥目睹了这场大灾难给人民带来的巨大灾难的全过程。他不是一名冷眼无视的旁观者，远远地看看，留下几滴同情的泪花，而是作为一名敏锐深切的参与者，在大灾之中，他与百姓共同承受着命运的磨难，为了能够让潍县黎民活下去，他竭尽全力，与顶头上司接触，与地方豪强周旋，带领着人们重建家园，坚强地活下去。他这一时期写下的《逃荒行》、《还家行》不同于普通的泛泛之作，也不同于之前一些带有个人性情色彩的凭吊感怀之作，是完全纯粹的书写黎民众生命运的不朽史诗。

即便是在大灾难过去后，郑板桥的思想仍然没有平复，他回顾着赈灾前后的诸多怪事,思考着这场灾难的一切,是天灾,抑或是人祸?他深深地思索着,拖曳着沉重的笔触写下了《思归行》。

山东遇荒岁,牛马先受殃。人食十之三,畜食何可量。
杀畜食其肉,畜尽人亦亡。帝心轸念之,布德回穹苍。
东转辽海粟,西截湘汉粮。云帆下天津,艨艟竭太仓。
金钱数百万,便宜为赈方。何以未赈前,不能为周防?
何以既赈后,不能使乐康?何以方赈时,冒滥兼遗忘?
臣也实不材,吾君非不良。臣幼读书史,散漫无主张。
如收败贯钱,如撑断港航。所以遇烦剧,束手徒周章。
臣家江淮间,虾螺鱼藕乡。破书犹在架,破毡犹在床。
待罪已十年,素餐何久长。秋云雁为伴,春雨鹤谋粱。
去去好藏拙,满湖菱菜香。

"何以未赈前,不能为周防?何以既赈后,不能使乐康?何以方赈时,冒滥兼遗忘?"郑板桥自言自语地发问,可是在封建专制的统治下,绝对的皇权带来的是绝对的腐败,载负着贪污腐败的原罪,谁会来回答这名读书人发自内心的质问呢?在大灾面前,人人自保,而通过九转十八弯拨下来的为数不多的赈灾粮款,真正到达百姓手中的又能有多少,对很多权贵而言,百姓的灾难是他们的福音,因为捞一把的机会又来了,没有人会真正的关心黎民众生的死活。郑板桥又能说什么呢,整个社会体制如此,他只能喃喃自语,屈膝自责:"臣也实不材,吾君非不良。臣幼读书史,散漫无主张。如收败贯钱,如撑断港航。所以遇烦剧,束手徒周章。"可是你一名小小的七品县令又能做什么呢?"进亦忧,退亦忧,无可乐也!"正如他在诗中所说:

漫道在官无好处，须知积德有光辉。（《赠钟启明并留别》）

"积德"不就是为民之德吗，为百姓谋利，为民着想，这种朴素的民本思想，贯穿了郑板桥仕途的始终，也可能是他太执着地贯彻这样的为官道德标准，而与当时黑暗险恶、争权夺利的官场相触礁，终究不可能避免，最终走上辞官回乡之路。

郑板桥出身底层人民，他的一生深切地感受着底层百姓们的心酸与磨难，以一个读书人的目光，冷静地观察和思考着所处的社会和时代，为什么会给普通人民带来如此悲惨的命运。其中另外一组《潍县竹枝词》便集中反映了他这一时期的思想和认识。这组《潍县竹枝词》目前发现的共有四十多首。郑板桥一首都没有编入诗集中，恐怕是因为太过于尖锐、锋芒，有所顾忌。乾隆时期是我国封建历史上文字狱最厉害的时代，搞得读书人个个心惊胆寒不已。为了保全自己，还是让它们流传民间吧。

潍城原是富豪都，尚有穷黎痛剥肤。
惭愧他州兼异县，救灾循吏几封书。（《潍县竹枝词》三十五）

被称为"小江南"、"富豪都"的潍县，老百姓竟然穷苦挨饿，更何况那些穷酸小县呢？遭遇大灾时，潍县官吏已经做了最大的努力尚且不济，而如果换做是那些鱼肉百姓的贪官污吏把持地盘内的老百姓，又将如何苟且活下去呢？郑板桥的反思是沉重而全面的。

泪眼今生永不干，清明节候麦风寒。

老亲死在辽阳地，白骨何曾负得还。（《潍县竹枝词》三十八）

世世代代在同一片土地上耕织繁衍，中国的老百姓对自己脚下的土地有着特殊浓重的感情，好像是自己身体的一部分，传统农业社会下，百姓很少动土迁移。但大灾之下，除了逃荒，没有其他办法。举家逃往关东，谁料老人竟死在辽阳，抛骨异乡。而今子女侥幸能够回归故土，但是又能去哪里找寻父母的森森白骨呢？终身只能以泪洗面，怀念家人。每逢清明时节，悲痛倍增，连苍天也刮出寒风为之动容。

对当时社会的贫富和不公，郑板桥也观察得入木三分，他在诗中写道：

东家贫儿西家仆，西家歌舞东家哭。
骨肉分离只一墙，听他答骂由他辱。（《潍县竹枝词》二十九）

东西两家一墙之隔，贫富却犹如天壤之别。这首诗中鲜明、强烈的对比显示出了社会的不公和贫困造成的悲剧。那么造成这样不公的原因是什么呢，郑板桥在诗中进行着反复的思索，并给出自己的回答。

征发钱粮只恨迟，茅檐苦屋又堪悲。
扫来草种三升半，欲纳官租卖与谁？（《潍县竹枝词》三十四）

官家的苛捐杂税，通过层层剥削，到了无以复加的地步。对百姓无情的盘剥，给人民带来了沉重的灾难。人们辛辛苦苦一年的劳动果实还不够上税，但官租收税似乎还没完没了。百姓家中已无一物，留下的一点点草种，赖以充饥，也要被充公收走，官对民的压迫和盘剥所酿下的灾难，郑板桥清清楚楚地看在了眼里。

绕郭良田万顷赊，大都归并富豪家。
可怜北海穷荒地，半篓盐挑又被拿。（《潍县竹枝词》二十四）

贫富差距的加大，造成的结果是大量的土地兼并。百姓们失去了土地，成为无立锥之地的流民，他们抛弃骨肉，背井离乡，只能到偏远蛮荒之地贩盐，企图残喘着活下去。然而，就连"半篓"盐也要被盘剥而去，真是普天之大，竟然没有这些流民的活路了，真是有一种说不出口的心酸。

二十条枪十口刀，杀人白昼共称豪。
汝曹躯命原拼得，父母妻儿惨泣号。（《潍县竹枝词》二十六）

老百姓没了活路，才会去操拾起官府禁止的卖盐勾当，可现在盐贩也做不了。没有活路，只好走上烧杀抢掠的造反之路。可是仅凭"二十条枪十口刀"微薄之力，即使杀了几个人，称了一时豪，最终结果依然是蚍蜉撼树，最可怜的是风烛残年的父母和病妻弱子，造反者耗干了自己的性命，留下了亲人，他们的日子却更加地凄惨困苦。为官乾隆时期的郑板桥竟然能写下如此直白血性的诗篇，实属难得。要知道，乾隆年间，那个文字狱最凶残的年代，动辄连坐上千人的文化酷刑之下，郑板桥竟然能写下如此文字，让人不禁联想到鲁迅先生笔下的斗士形象，不畏强权，永远无情地揭露和鞭笞着社会的不公与黑暗。西谚有云：知识分子应该是一个社会的脊梁，是社会天生的批判者和观察者。中国封建社会中，读书人能够通过科举考试进入统治阶层，因此为了谋求功名，知识分子很多都被强权所"绑架"，而这种同化和"绑架"也让中国古代的读书人逃不出统治者的精神囚牢，丧失了不同于社会和大众的独立性，"天下兴亡，匹夫有责"往往沦为一句空话。但幸运的是，传统文化精神中的民本思想没有在中国传统的知识分子中绝迹，他们虽然走不出功名的囚狱，但是却能够时时体会到底层人民的痛苦和不幸，留下了诸多讲述人民苦难的不朽诗篇。郑板桥就是一例，在中国历史上最严酷的文字狱时代，他还能够直抒胸臆，直言不讳记录下百姓的苦难，不禁让人心生敬畏。

更为可贵的是，即使是对那些触犯刑律的囚犯，郑板桥也给予了深切的关注和人文主义的关怀。他在诗中写道：

放囚宣诏泪潺潺，拜谢君恩转戚颜。
从此更无牢狱食，又为盗窃触机关。
——《潍县竹枝词》

宣诏放囚的时候，泪眼潺潺，磕头拜谢不止，其实愁苦已经上了心头。哪怕是囚犯也好，贫民也罢，最需要的是谋生之路，能够有正经的事做，能够活下来。不然的话，就如诗中所写的囚犯，出狱后不能谋生，又何以存活呢，无奈只好又走上犯罪的老路。对于这样一个小的事件，郑板桥的思索也是独立而清醒的，他不是占据在道德的制高点，一味斥责囚犯的一错再错，而是能够将囚犯看作是一名普普通通的寻常人，他也只不过是为了活下去而已，为了自己的生存权而挣扎，郑板桥的这首诗作体现出最质朴的人权精神和人文主义情感，这种精神可以说是超越了当时的时代的。

郑板桥的诗作虽然文采逊于其他文豪，但相比同时代的其他的诗人，他的诗却是为人们传颂得最多的。这正是由于他的诗作当中所富有的人文精神和民本情怀让不论什么时代的人们都能够感同身受，为之共鸣。拿《潍县竹枝词》

来说，郑板桥是完全站在人民的立场上，站在人民基本权利的立场上来看待社会的众生百态的，这正是郑板桥所怀有的天地良心。

郑板桥对待人民的态度和官与民关系的认识，可以用本节开篇的诗作来做一个归纳和概括，这便是他在潍县上任时画给山东巡抚的一幅墨竹上的题诗。

衙斋卧听萧萧竹，疑是民间疾苦声。
些小吾曹州县吏，一枝一叶总关情。
(《潍县署中画竹呈年伯包大中丞括》)

附《潍县竹枝词》四十首

一

三更灯火不曾收，玉脍金齑满市楼。云外清歌花外笛，潍州原是小苏州。

二

斗鸡走狗自年年，只爱风流不爱钱。博进已赊三十万，青楼犹伴美人眠。

三

美人家处绿杨桥，树里春风酒旆招。一自香销怨南国，杏花零落马蹄遥。

四

四面山光树木深，良田美产贵千金。呼卢一夜烧红蜡，割尽膏腴不挂心。

五

豪家风气好栽花，洋菊洋桃信口夸。昨夜胶州新送到，一盆红艳宝珠茶。

六

大鱼买去送财东，巨口银鳞晓市空。更有诸城来美味，"西施舌"进玉盘中。

七

小阁桐阴日影斜，晚风吹放茉莉花。衣裳尽道南中好，细葛香罗万字纱。

八

翠袖湘裙小婢扶，时兴打扮学姑苏。村中妇女来相耀，乱戴银冠钉假珠。

九

几家活计卖青山，石块堆来锦绣斑。薄暮回车人半醉，乱鸦声里唱歌还。

十

水流曲曲树重重，树里春山一两峰。茅屋深藏人不见，数声鸡犬夕阳中。

十一

集散人归掩市门，市楼灯火定黄昏。白狼河水无情甚，不肯停留尽夜奔。

十二

两行官树一条堤，东自登莱达济西。若论五都兼百货，自然潍县甲青齐。

十三

连云甲第尚书府，带宅园林太守家。是处池塘秋水阔，红荷花间白荷花。

十四

苍松十里郭西头，系马松根上酒楼。天外暮霞红不尽，秋山浮翠是青州。

十五

北洼深处好怒鱼，淡荡春风二月初。河水尽开冰尽化，家家网罟曝村墟。

十六

秋风荻苇路湾环，钓叟潜藏乱草间。忽漫鹭鸶惊起去，一痕青雪上西山。

十七

浅草平沙秋气高，青光不动海光摇。忽腾一骑鸾铃响，绣箭前坡落皂雕。

十八

射罢黄羊猎罢山，雕弓挂花老松间。帐中袅袅闻吹笛，新买吴姬号小蛮。

十九

城上春云拂画楼，城边春水泊天流。昨霄雨过千山碧，乱落桃花出涧沟。

二十

迎婚娶妇好张罗,彩轿红灯锦绣拖。鼓乐两行相叠奏,漫腾腾响小云锣。

二十一

席棚高揭远招魂,亲戚朋交拜墓门。牢醴漫夸今日备,逮存曾否荐鸡豚?

二十二

腌猪滴血满城红,南贩姑苏北蓟中。纵使千金夸利益,刀头富贵梃头雄。

二十三

天道由来自好生,家家杀戮太无情。老夫欲种菩提树,十里春风作化城。

二十四

绕郭良田万顷赊,大都归并富豪家。可怜北海穷荒地,半篓盐挑又被拿。

二十五

行盐原是靠商人,其奈商人又赤贫?私卖怕官官卖绝,海边饿灶化冤磷。

二十六

二十条枪十口刀,杀人白昼共称豪。汝曹躯命原拼得,父母妻儿惨泣号。

二十七

街头攫得百钱文,烂肉烧肠浊酒醺。到得来朝无理料,又寻暗账闹纷纷。

二十八

面上春风眼上波,秧歌高唱扮渔婆。不施脂粉天然俏,一幅缠头月白罗。

二十九

东家贫儿西家仆,西家歌舞东家哭。骨肉分离只一墙,听他笞骂由他辱。

三十

莫怨诗书发迹迟,近来风俗笑文辞。高门大舍聪明子,化作朱颜市井儿。

三十一

百岁辛勤貌可哀,养儿妖纵不成材。骰盆博局开门去,待得三更径不回。

三十二

放囚宣诏泪潺潺，拜谢君恩转戚颜。从此更无牢狱食，又为盗窃触机关。

三十三

马思南北是山田，石块沙窝不殖钱。待到三分秋稼熟，大家欢喜说丰年。

三十四

征发钱粮只恨迟，茅檐菩屋又堪悲。扫来草种三升半，欲纳官租卖与谁？

三十五

潍城原是富豪都，尚有穷黎痛剥肤。惭愧他州兼异县，救灾循吏几封书。

三十六

木饥水毁太凋残，天运今朝往复还。间行北郭南郊外，麦陇青青正好看。

三十七

关东逃户几人归，携得妻儿认旧扉。茅屋再新墙再葺，园中春韭雨中肥。

三十八

泪眼今生永不干，清明节候麦风寒。老亲死在辽阳地，白骨何曾负得还。

三十九

卖儿卖妇路仓皇，千里音书失故乡。帝王深恩许重聚，三年稼熟好商量。

四十

奢靡只爱学南邦，学得南邦未算强。留取三分淳朴意，与君携手入陶唐。

第三节 文昌县令开创文星璀璨

天道由来自好生,家家杀戮太无情。

老夫欲种菩提树,十里春风作化城。

——《潍县竹枝词·二十三》

郑板桥于潍县做官,刚一上任,便遭遇了大饥荒,即使在灾难平息后,大大小小的公事杂务络绎不绝,比起在范县时要繁忙了很多。但年近六十的郑板桥,在艺术之旅的探寻上,依然没有放慢脚步,他继续思考着、探索着艺术的永恒价值。"富于笔墨穷于命,老在须眉壮在心",诚如郑板桥自撰的联语所述,仕途不快,使得他将满腔热情毫无保留地泼洒在了艺术之路上。对官场的失望和社会的深刻思索,让他对仕宦豪情慢慢丧失了信心和兴趣,他将满怀壮志,寄托在笔墨之间,抒发在无尽的艺术疆域,几近耳顺之年的郑板桥,其诗书画均日臻成熟,达到人生的顶峰。

这一时期的潍县,在文昌县令郑板桥的影响下,一时形成了一种独特的艺术氛围,形成了不小的气候。除了潍县本地的文人墨客时常与郑板桥相邀交流之外,外地的一些艺术家也会慕名或访友来到潍县和他相聚。胡天游在《寄潍县令郑燮》中写道:一县持团扇,争来乞草书。倒是很形象地刻画出这一时期,潍县以郑板桥为中心的艺术圈,一时间潍县文星璀璨,热闹非凡。

潍县郭氏南园,是郑板桥一行常去的地方。南园是一处风景优美的园林,位于县署东南的天仙宫东边,是明朝嘉靖时期刘应节的私人园林。天启年间,归于郭尚友后,经过重新修葺,增建了旧华轩、知鱼亭等胜景,小园更加秀丽别致。到了尚友之孙饶州府知府郭一璐的手里,再加修整,更为宜人。郭一璐的两名侄子,一名伟业字质亭,一名伟绩字芸亭,两人均属潍县名流,能诗工书,与板桥是很好的书友,交往甚密。伟业为人正直,前文提到的修缮潍县城墙一事,就有他的鼎力相助。郑板桥对他颇为倚重,凡有重大工程,均交给他办理,人们也颇为佩服。伟绩能文好诗,时人常称赞其才气。因此,南园便成为了潍县文人墨客唱酬吟咏的好场所。郑板桥题诗曰:

我被微官困煞人,到君园馆长精神。
请看一片萧萧竹,画里阶前总绝尘。

郑板桥对南园的感情源自与郭氏兄弟的友谊,罢官后离别潍县,郑板桥还专门画了一幅南园丛竹图赠送给郭伟绩,并题诗道:

名园修竹古烟霞,云是饶州太守家。
饮得西江一杯水,如今清趣满林遮。

七载春风住潍县,爱看修竹郭家园。

今日写来还赠郭,令人常忆旧华轩。

(《题南园丛竹图留别质田先生四弟芸亭先生二首》)

潍县任上,另一位来自福建的好友不得不提,他就是郑方坤。此人是福建建宁人,雍正元年进士,历任山东登州、沂州、武定、兖州知府。此公颇具文采,好诗作。乾隆十三年到十九年,方坤担任兖州知府,其间与郑板桥结识。两人关系非同一般,郑板桥的一首诗中如此写道:

头纲八饼建溪茶,万里山东道路赊。
此是蔡丁天上贡,何期分赐野人家!(《家兖州太守赠茶》)

千里迢迢从福建运来的如此珍贵的名茶,本来是皇帝享用的贡品,但想不到我等山野之人,竟然也得到了馈赠。在这首诗中,可以看到郑板桥诚挚的感谢,也有对方坤为人的称赞。诗中蔡是指北宋著名书法家蔡襄,与苏轼、黄庭坚、米芾同名,世称"苏黄米蔡"。丁则指的是宋真宗时候的宰相丁谓。二人均向皇帝进贡过此茶。当年一些达官显要用来向皇帝进贡所用的上品茶,而今郑方坤用来分赠给好友,从另一个侧面反映了两人的友情非同一般。

方坤深知郑板桥的价值,为他的艺术修为所折服,他在《寄家板桥大尹二首》中写道:

廿载钦芳誉,披襟愿已盈。
赋应征郑志,谊与笃周盟。
肝胆轮囷露,诗歌跋扈鸣。
匆匆一为别,又早岁峥嵘。

瘦与俗均病,蠲除每未能。

识君胸有竹,夸客肉如陵。

吏散琴鸣阁,官闲砚斫冰。

囊沙吊遗烈,意气一飞腾。

郑方坤敬佩板桥的肝胆照人,倾心板桥直泼血性的诗歌。他为能够和板桥相识,感到荣幸和高兴,这是发自内心的钦佩和欣赏。其后,郑方坤在所著的《国朝诗人小传》中,为郑板桥专门写下了《郑燮小传》,推崇有加。文中如"板桥少颖悟,读书饶别解,绰有文名。家固贫,落拓不羁。壮岁客燕市,喜雨禅宗尊宿及期门、羽林诸子弟游……"多为后世史家所采用。文中还对板桥评价道"于州县一席,实不相宜",这个评价也是颇为客观的。板桥这样一名不善应酬、好动感情、内心敏感的人,的确不适合鱼龙混杂、阴险狡诈的官场生涯。由此也可看出郑方坤对这位好友的秉性是十分了解的,他是深知板桥的独行个性。

对于郑板桥的艺术,方坤也给予了很高的评价:"雅善书法,真行俱带小籀意。如雪柏风松,挺然而秀出于风尘之表。所画兰草竹石,亦峭倩别致。诗内所云:时时作画,乱石秋苔;时时作字,古与媚偕者是也。"对于板桥"六分半书"的评价,方坤应该是十分到位的。由于他本人也非常喜好作诗,故在评论板桥的诗作时更为细致:"诗取道性情,务如其意之所欲出。……然其诗流露灵腑,荡涤埃壒,视世间无结橑不可解之事,既无哽咽不可道之词。空山雨雪,高人独立;秋林烟散,石骨自青,差足肖之。"对板桥诗作中的道家性情,悠然自得,率真之意点解得恰如其分。

在同时代的所有人中,郑方坤是为郑板桥做传的第一人。历史上,为郑板桥做传的，郑方坤也是第一个。

相比较范县期间，这一时期郑板桥的创作也更为丰富。随着创作技艺达到新的高度，创作思想也愈加成熟。同时，他也不忘时时发现并帮助那些怀有才情的年轻人们。

一次，郑板桥晚归途中路过一座小茅草屋时，听到里面传来了朗朗的读书声，刚劲有力，情志饱满，在夜晚的虫鸣声中显得格外不同，让板桥为之一振。一打听，才知道原来是一名穷人家的孩子在点着油灯苦读。这位年轻的读书人名叫韩梦周，是一位勤奋好学的年轻后生，无奈由于家境贫寒，没有办法深造，只好白天干活，利用晚上闲暇时间苦读。郑板桥得知情况后，大为感动，顿生爱才之心，立即许诺资助其继续读书。此后，板桥对韩屡加资助，并予辅导，使韩学业大进，于乾隆十七年中举人，二十二年中进士。韩梦周出任安徽来安知县，为官清廉。板桥曾向他索过徽墨，韩得信迅即邮赠，板桥为此写了《书古人论墨笔记赠韩梦周》。板桥去世后，韩梦周十分怀念他，对郑板桥的知遇之恩，韩梦周一生难以忘怀，晚年时每每回忆起板桥的恩情，老泪纵横，他称呼自己为郑板桥的"白发门生"，在《板桥先生墨竹》诗中云："我官淮南思一见，仙人已去凌霄殿"，"白发门生感旧事，楚江浪泣龙吟笛"。

另外一名潍县青年学子韩镐深得郑板桥的帮助。他与韩梦周是同一个家族，家贫却极有才气。在县试中，韩镐名列榜首，家贫志坚，气质与板桥相似，板桥甚为赏识，不断给予资助和指导。有一次，韩镐拿自己刚写的文章向板桥请教，正值板桥无事，便仔细看了韩文，指出其文章不足之处在拖泥带水，缺乏新意。板桥为了开导韩镐，便讲了欧阳修写"逸马杀犬于道"的故事，随后又为韩镐写了一副对联："删繁就简三秋树，领异标新二月花。"在联上还写了"与韩生镐论文"六字。这副对联也是历来为后人称颂，脍炙人口的论文名联。韩镐通过板桥先生的点拨后醍醐灌顶，特地将其装裱后张之书房,以为作文箴言,苦练写作,终于在乾隆四十八年中了举人。

郑板桥一生之中,所到之处,不仅喜欢结交文人,亦喜欢同僧人交往。在潍县期间,他与恒彻上人成了好友。据《潍县志稿》载:恒彻上人是县城东北关帝庙住持,有戒行。庙内栽植了不少葡萄,每当金风吹拂,累累满架,珠攒玉垂,板桥到寺,一边与上人闲聊,一边啖葡萄,情深兴浓,岁以为常。恒彻上人的友情与关帝庙的生活雅趣,给郑板桥留下了极深印象,当板桥离潍时,写了一首《留别恒彻上人》诗。

隔城何处郁苍苍,落照松林短画墙。
清磬一声天似水,长河半夜月如霜。
僧闲地僻行难到,官罢云回别可伤。
满架葡萄珠万斛,秋风犹忆老夫尝。

这首诗似乎也反映出了郑板桥这一时期的思想转变,"僧闲地僻行难到,官罢云回别可伤。"似乎他已经慢慢打定辞官告老回家的主意了。板桥与恒彻上人的交往在潍县当地也被传为一段佳话,清末潍县文人在《竹枝词》中歌咏此事道:"关庙宽闲濠北限,当年常迓郑公来。于今一半开为店,空忆葡萄满院栽。"

郑板桥的爱才惜才之心不仅仅局限于读书人,就连对普通的手工艺人,只要喜欢读书,热爱读书,他都一并看待,尽量给予帮助。潍县县衙内有一名叫谭云龙的木匠,人称"谭木匠"。谭木匠甚聪慧,尤其喜欢临摹板桥的书画。在衙内做工之余,每当遇板桥作画,谭木匠都会在旁侍立观察,心会其妙。板桥见其好学,乐为教之,常对谭示范指正。没几年的时间,谭木匠作的画竟然可以和板桥的以假乱真,不好辨别了。郑板桥有时候遇到政务繁忙,甚至交代他帮忙代笔来应付那些索画的人。而且很大方地把自己的图章借给他任意使用，谭木匠竟慢慢靠卖"板桥书画"，富裕了起来。于源普还有一首专门写谭木匠的诗。

三绝郑虔孰与俦，潍滨谭氏足风流。
工师解学才人笔，不让前朝仇十洲。

后来谭木匠的才气逐渐被世人熟知，潍县人多称他为"谭板桥"、"假板桥"。

除了像在范县时热心帮助落拓文人之外，郑板桥大兴文教设施，教化百姓，集中表现在支持修建潍县的文昌祠和城隍庙。

乾隆十五年（1750），潍县乡绅提议修建文昌祠，郑县令得知后极为支持，并带头开始了修建工作。文昌祠供奉的是文昌帝君，即是俗称的"文曲星"。文曲星在民间故事中广为人们传颂，如《白蛇传》故事中，白素贞的儿子许仕林就被传说是文曲星下凡。文昌帝君历史上确有其人，相传姓张名亚子，四川梓潼人，公元374年仕晋战死，后人立庙纪念，又称梓潼帝君。道教尊之为掌管文昌府和人间禄籍的神。唐、宋、元不断加封，称之为"辅元开化文昌司禄宏仁帝君"，简称文昌帝君。礼待读书人将他奉为神明，祈求能够得到保佑，登榜高中。潍县文昌祠又叫文昌阁，在县城内东南角，原为地方士子倡建，在前几年的灾害中损坏严重，灾荒过后，人们就考虑修缮。

县教谕邓汝贤首先提出修缮意见之后，郑板桥积极支持，并得到了郭氏兄弟的大力协助。在文昌祠修建完工后，郑板桥特地写了《文昌祠记》，《祠记》当时写好后装裱挂在祠内墙上，光绪年间又修祠时，刻成石碑。

文云乎哉！行云乎哉！神云乎哉！修其文，懿其行，祀其神，斯得之矣。潍城东南角，旧有文昌帝君祠，崟岿孤特，翘然为青龙昂首，阖邑之文风赖焉。乾隆年来，日就颓坏。今若不葺修，将来必致一砖、一瓦、一木、一石而无之矣。诸绅士慨然捐助，以复旧观，并觅一妥贴精干之人，以为朝夕香火、尘埃草蔓扫除之用；诚盛举亦要务也。既已妥侑帝君在天之灵，便当修吾文、懿吾行，以付帝君司掌文衡之意。昔人云：拜此人须学此人，休得要混账磕了头去也。心何为闷塞而肥？文何为通套而陋？行何为修饰而欺？又何为没利而肆？帝君其许我乎！潍邑诸绅士，皆修文洁行而后致力以祀神者，自不与龌龊辈相比数。本县甚嘉此举，故爱之望之，而亦谆切以警之，是为民父母之心也。乾隆十五年，岁在庚午二月初十日，杏苑花繁之际。（《文昌祠记》）

郑板桥希望文昌祠的修建能够教育潍县乡绅百姓，"拜此人须学此人"，不仅要学其文，还要效其行。整篇祠记谆谆善诱，娓娓道来，也体现出郑板桥做官的"为民父母之心"。

乾隆十七年（1752）初，在郑板桥的主持下，潍县城隍庙也得到修缮。这一年，郑板桥年满六十岁了，历经十余载官宦生涯，此时的他早已经决定"归乡"，但他仍然身居在职，恪尽职守，尽力为潍县百姓多做些什么。潍县城隍庙因乾隆十四年被大雨冲坏两走廊后，郑板桥便一直倡议乡绅赞助修缮，直到乾隆十七年才完工。费时三年修缮完毕后，郑板桥还洋洋洒洒地写了篇长长的《城隍庙碑记》，并于乾隆十七年大年初一作下了《城隍庙碑草稿自跋》。

板桥居士作《城隍庙碑草稿》初就，赵君六立即剪贴成册，可谓刻划无盐唐突西子矣。是碑不足观，而作文之意，无非欲写人情所欲言而未能说，此实在眼前，实出意外，是千古作文第一诀。若抄经摘史，窃柳偷苏，成何笔乎？

"人情所欲言而未能说",原来郑板桥是想在这碑记中写点别人写不出的内容的,因此,这篇碑记可说是能够反映郑板桥思想的重要著作之一。

一角四足而毛者为麟,两翼两足而文采者为凤,无足而以蛆蠕行者为蛇,上下震电,风霆云雷,有足而无所可用者为龙,各一其名,各一其物,不相袭也。故仰而视之,苍然者天也;俯而临之,块然者地也。其中之耳目口鼻手足而能言、衣冠揖让而能礼者,人也。岂有苍然之天而又耳目口鼻而人者哉?自周公以来,称为上帝,而俗世又呼为玉皇。于是耳目口鼻手足冕旒执玉而人之;而又写之以金,范之以土,刻之以木,琢之以玉;而又从之以妙龄之官、陪之以武毅之将。天下后世,遂衮衮然从而人之,俨在其上,俨在其左右矣。至如府州县邑皆有城,如环无端,齿齿啮啮者是也;城之外有隍,抱城而流,汤汤汩汩者是也。又何必乌纱袍笏而人之乎?而四海之大,九州之众,莫不以人祀之;而又予之以祸福之权,授之以死生之柄;而又两廊森肃,陪以十殿之王;而又有刀花、剑树、铜蛇、铁狗、黑风、蒸禹以惧之。而人亦衮衮然从而惧之矣。非惟人惧之,吾亦惧之。每至殿庭之后,寝宫之前,其窗阴阴,其风吸吸,吾亦毛发竖栗,状如有鬼者,乃知古帝王神道设教不虚也。子产曰:"凡此所以为媚也,愚民不媚不信。"然乎!然乎!潍邑城隍庙在县治西,颇整翼。十四年大雨,两廊坏,东廊更甚,见而伤之。谋葺新于诸绅士,咸曰:"俞。"爰是重新两廊,高于旧者三尺。其殿厦、寝室、神像、鼓钟徊坚以焕,而于大门之外,新立演剧楼居一所。费及千金,不且多事乎哉!岂有神而好戏者乎?是又不然,曹娥碑云:"盱能抚节安歌,婆婆乐神。"则歌舞迎神,古人已累有之矣。诗云:"琴瑟击鼓,以迓田祖。"夫田果有祖,田祖果爱琴瑟,谁则闻知?不过因人心之报称,以致其重叠爱媚于尔大神尔。

今城隍既以人道祀之,何必不以歌舞之事娱之哉!况金元院本,演古劝今,情神刻肖，令人激昂慷慨，亦不为多事也。总之，虙羲、神农、黄帝尧、舜、禹、汤、文、武、周公、孔子，人而神者也，当以人道祀之；天地、日月、风雷、山川、河岳、社稷、城隍、中留、井灶，神而不人者也，不当以人道祀之。然自古圣人亦皆以人道祀之矣。夫茧栗握尺之牛，太羹元酒之味，大路越席之素，瑚琏簠簋，以致其崇极云尔。若是则城隍庙碑记之作，非为一乡一邑而言，直可探千古礼意矣。董其事者，州同知陈尚志、田廷琳、谭信、郭耀章，诸生陈翠，监生王尔杰、谭宏。其余蠲资助费者甚伙，俟他日暮勒碑阴，寿诸永久，愚亦未敢惜笔墨焉！

原来这是一篇极有趣的碑记，它探讨了古人"造神"的原因。郑板桥认为应该以人道的方式祭神，把神当作人来崇拜。城隍庙至今在我国很多城市仍然可以见到，城隍庙庙会也随着时代的发展逐渐成为人们游玩休闲的活动。城隍是我国原始信仰祭祀的自然神之一，"城隍"二字，始见于《易经》泰卦的上六爻辞："城复于隍，勿用师，自邑告命，贞吝"。其中"城"指城墙，"隍"指城壕。城隍神最早见于周代《礼记》天子八蜡中的水墉神。城墙、城壕在防卫敌人、猛兽攻击，保护一城百姓安全上，功莫大焉。于是水墉神便升格为城隍神，被视为城市的守护神。随着历史的发展，长安古城——城隍神的发源地和传播地——开始产生了最早的城隍人神纪信，即是城市的守护神。三国、两晋、南北朝时期，城隍信仰不断增强，王曲城隍祭祀活动亦不断兴盛。进入唐代，城隍祭祀在各地已经蔚然成风，地方官每年定期或在地方遭遇旱涝天灾时，代表一方民众祭祀城隍。现在据统计，全国仍然信奉纪信为城隍的城隍庙三十多处，如西安、兰州、天水、西固、郑州、镇江、临安，等等。

郑板桥在碑记中认为，造神是因为人们向往自身能够像神灵一样，做到消除恶习，改除邪念，多做好事，积善向上，以此就能"自求多福"。这也正是郑板桥出任潍县县令一贯奉行的教化主张。诚如郑板桥在《潍县竹枝词》中写到的那样：

老夫欲种菩提树，与君携手入陶唐。

第八章

子殁思归：难得糊涂述心志

聪明难，糊涂难，由聪明而转入糊涂更难。子殁思归，看破世事，聪明绝顶的郑板桥近六十岁时写下了"难得糊涂"这么一副字。"难得糊涂"可以说是郑板桥漂泊一生的感悟，后世对它的解读也可谓是众说纷纭，而郑板桥想要做到的只是无愧于天下的百姓，无愧于心。

第一节 糊涂判案不糊涂

一半葫芦一半瓢，合来一处好成桃。

从今入定风归寂，此后敲门月影遥。

鸟性悦时空即色，莲花落处静偏娇。

是谁勾却风流案？记取当堂郑板桥。

——《郑板桥判词》

封建时代的县令除了需要处理大大小小的政务杂事之外，还需要审理县内五花八门的民事刑事案件，小小一名七品县令执掌着一方百姓头上司法公正的天平，擎举人们头上的青天红日。当年郑板桥判案的很多卷宗已经荡然无存，但幸运的是，他的许多判词却被后人当作书法珍品保存了下来，由此还可以推想到郑板桥的一些审案情况。除了这些判词之外，郑板桥判案的很多故事传说在民间广为流传，百姓可能不太懂他的艺术追求，但是人人心中都有杆秤，秤的两端称着郑县令为民撑腰、伸张正义。而板桥判案的怪异风格更是成为人们津津乐道的传奇故事。

  初到潍县时，这位身材短小、其貌不扬的县令完全没有县令的威严，当地的一群恶棍完全不把他放在眼里，经常寻衅闹事。一天，郑板桥从外骑驴回来，这帮恶棍又在衙门前乱吵乱嚷。这时有个卖粥的老汉正挑粥走过来，他们故意三五结伴往老汉身上挤，粥罐被挤碰到一块青石上，撞了个粉碎。郑板桥下驴走到众人跟前，只见那老汉说："我家有一个瞎眼婆娘和五个儿女，全靠我卖粥度日，今天不知哪个缺德的人砸了我的粥罐，这样我们全家就得饿肚子啊！"他说着不由得流下了眼泪。这时一个小头头指着路边的青石说道：

  "作孽的就是这块青石头，我们都可做证人，请老爷公断！"

  于是郑板桥吩咐把大青石抬到堂上，这些恶棍等也拥进了县衙做证。一会儿县官升堂了，郑板桥端坐堂上，手指青石问道：

  "你这个可恶的石头，为何无事寻事，将老汉的粥罐砸破？快如实招来！"

  堂下鸦雀无声，郑板桥把惊堂木一拍："来人，给我打它四十大板！"

  衙役们真的一五一十地打起来，两旁的混混们看了挤眉弄眼偷偷发笑。郑板桥瞟了他们一眼，突然大声喝道："你们上堂做证人，不听老爷好好审案，乱笑什么？"

  他们纷纷说："这石头无嘴无脚，是个哑巴，天生的死物，就是问上几年也问不出一句话来！"

  "住口！"郑板桥忽然把惊堂木一拍，倏地站了起来大声喝道："它一不会说话，二不会走路，怎么能欺负这卖粥的老汉，成了砸碎粥罐的祸首呢？这分明是你们嫁祸于人，欺骗本官。欺官如同欺父母，决不轻饶！"随即命令左右："将这帮无赖一人赏四十大板，赶出堂去！"

  这帮恶棍不愿挨打，只得捐钱逃命。郑板桥将捐来的一筐箩的钱给了老汉，派人送他回去。

又一日，板桥在县衙里办理公务，突然有一名穷秀才前来告状说："愚生为主家公子教书，双方议定每年俸金八吊。我执教已一年，主人却分文不给，说我不会教书。求大老爷做主索讨俸金。"郑板桥听罢，说："真有此事？"秀才答："句句实言，哪里敢在大人面前说假。"郑板桥又说："且让我出个联考考你再说。"于是他指着悬挂在大堂上的一盏彩灯吟道：

四面灯，单层纸，辉辉煌煌遍东西南北。

那书生想都不想就接着答道：

一年学，八吊钱，辛辛苦苦历春夏秋冬。

郑板桥一听，不仅对仗工整，而且又将这个纠纷的事实道明，情深意切。他不禁对秀才的遭遇感到同情，要知道，他年轻的时候也做过别人家的教书先生，但也佩服秀才的才思敏捷，接着他又出了一句道：

得与天下同其乐。

教书先生乐了，他知道郑县令肯定会为他做主了，他笑着对答道：

不可一日无此君。

郑板桥听后哈哈大笑，他断定这名秀才确实有真才实学，所言不虚。郑板桥随即派人将那财主传来，让他和秀才当面对峙，财主一看瞒不过去了，只好加倍赔付了俸金。

目前发现的郑板桥的判词,大都比较简洁,如"从宽准息"、"遵依附卷"等,最长的是:

王朴庵被王六戳伤身死,尔将其全家兄弟人等悉行告上,已拖死王奋笃一人。王六叠夹几次未得真情,现在严审。刑房理当伺候,有何偏袒?从来杀人者死,一人一抵,有何徇纵之处?因该犯病未痊愈,不能招解,何得听信讼师倚恃尸亲,屡行刁渎,凛之!慎之!

对于一般的民事纠纷,郑板桥都是以理服人,以证判案,虽然他一贯地同情中下层普通百姓,但却不会因为同情而不顾法理证据,即使是穷人的案子,他依然讲究的是"判从据出"的原则,而对于重大的刑事案件,从他的判词中可以看出,同样体现的是从证据的掌握情况来核实判决,而不会因感情好恶随意处理。在上面的判词中,他明令此桩大案,不得牵连无辜,更不能乱抓人犯,也不能够在犯人病中逼供,以防止冤假错案的发生。旧时有的贪官审案,常常是一人犯案,家家遭殃,勒索钱物不说,甚至经常是吃完被告吃原告。但郑板桥坚决不允许这样的事情在自己的审判中发生,而且他在判词中刑罚也十分明确到位:"从来杀人者,一人一抵",即使是无恶不赦的罪行也不得乱判、加判。

在办案中,郑板桥还有着"右婺子,左富商"的原则——尽力保护穷人,不偏袒富人,甚至连脸面也不给。他当堂辱骂那些仗势兴讼的监生们为"驮钱驴",搞得富豪们"无奈一时骄吝客,惭他呼作'驮钱驴'"。《小豆棚杂记》中还记载了这样一个故事。

一次,一名富裕的盐商抓来了一个贫穷的私盐小贩,当着板桥的面,硬是要郑板桥当面给他一个答复。板桥一看就知道盐商的鬼主意,他看那小贩穷困可怜，这些私盐小贩大多都是些没有土地、走投无路的可怜人。郑板桥于是就判处小贩在盐商的店门枷号示众，但枷锁却是叫当差的用芦席特制的，上面还画满了兰竹。这么一个兰竹画的枷锁，一点儿不重，同时还吸引了很多人来观望、瞧热闹，一时间，将盐商的店铺挤得水泄不通，生意都无法做了。盐商一看状况，也知道了县官大老爷的用意，只得再跑一趟，请求给这小贩免刑，板桥看了一笑了之，便撤了判处。

郑板桥的判决虽然有时候与条律相左，但是他的判决却是从最朴素的人文关怀的角度出发的。他不会简单地只是生搬硬套法条法令，他更为关注的是法令结合案件的合理性，他更关注那些贫苦人们的基本权利是否合乎情理，这样的法治精神才是更为老百姓们所需要的。前文第六章第一节的时候曾经提到过郑板桥撮合一对尼姑和和尚成婚的案例，那就是郑板桥"人性化"判决最具体的反映，这里重做全面的介绍。

一天，乡绅将一个和尚和一个尼姑抓到县衙，吵吵嚷嚷地说他们私通，伤风败俗。原来二人未出家时是同一村人，青梅竹马私定了终身，但女方父母却把女儿许配给邻村一个老财主做妾。女儿誓死不从，离家奔桃花庵削发为尼，男子也愤而出家。

谁知在来年三月三的潍县风筝会上，这对苦命鸳鸯竟又碰了面，于是趁夜色幽会，不料被人当场抓住。郑板桥听后，动了恻隐之心，遂判他们可以还俗结婚，提笔写下判词曰：

一半葫芦一半瓢，合来一处好成桃。
从今入定风归寂，此后敲门月影遥。
鸟性悦时空即色，莲花落处静偏娇。
是谁勾却风流案？记取当堂郑板桥。

郑板桥在断另外两起偷情案时，同样富有人情味。而且，案子的判词妙趣横生，令人拍手称妙。

一书生翻墙到少女房间偷情，被发现后押到县衙。郑县令问过案情后，出题《逾墙搂处子诗》，对书生进行面试。

书生秉笔即书：

花柳平生债，风流一段愁。
逾墙乘兴下，处子有心搂。
谢砌应潜越，韩香许暗偷。
有情生爱欲，无语强娇羞。
不负秦楼约，安知汉狱囚。
玉颜丽如此，何用读书求。

郑县令看后大加赞赏，不但不问罪，反填一首《减字木兰花》词，判二人结婚。词曰：

多情多爱，还了生平花柳债。好个檀郎，室女为妻也不妨。
捷才高作，聊赠青蚨三百索。烛影摇红，记取媒人是郑公。

又一次，姓张的书生与姓金的女子私通，被金家捉奸成双，将张押送大堂，金小姐也跑来县衙。郑县令看二人外貌都慈眉善眼，举止文雅，不像放荡奸邪之流，便又想成人之美，问道："你俩会作诗吗？"他俩点头作答。郑县令便指着堂前檐下蜘蛛网悬着的一只蝴蝶，对张生说："如能以此为诗，本县便免你之罪。"

书生定神略一想，高声吟道：

只因爱采太癫狂，游遍花丛觅异香。
不幸误投罗网里，脱身还借探花郎。

郑板桥虽不是探花，却也是著名诗人。听后认为书生才思敏捷，而且诗中有悔过之意。便又指着门上挂的竹帘子对金小姐说："你能以它为题赋首诗吗？"

金小姐略加思索，说了声"小女献丑了"，随口吟道：

绿筠劈成条条直，红线相连眼眼齐。
只为如花成片断，遂令失节门前低。

郑板桥听了连声夸赞："高才，高才！"随即挥笔写出判词：

佳人才子两相宜，致福端由祸所基。
判作夫妻百年好，不劳钻穴隙相窥。

小姐书生磕头拜谢。金家见生米已做成熟饭，只好成全了这两名年轻人。

郑板桥的这些"糊涂判案"真的"糊涂"吗？其实在今天看来，不都是一些合情合理的事情吗？"审石头"实际上是以据出发，惩治恶霸；"对联判案"其实是旁敲侧击，巧取证据，为民说话；救助私盐小贩其实是在质疑法条的不公，他对那些走投无路，仅求一口生计的可怜人的同情，而拒绝和权贵大户为伍；不以行刑逼供病中犯人，除了人文上的关怀之外，也避免了不可意料的情况出现，造成冤错，同时也可以感化犯人，教化乡野；撮合僧尼成婚、给偷情男女当媒人，等等，更是最实在的人性化的判决。他不当虚妄无意义的道德礼教代言人，而是尊重人性，注重人类自身最基本的权利。

拒绝仗势欺压穷人，不与权贵恶霸同流合污；尊重最底层的老百姓最基本的生存权利；成全年轻人自由的爱情追求。在那个时代，这种超常的反叛精神，简直就是绝无仅有的。只不过"举世皆浊我独清，众人皆醉我独醒"，糊涂的哪里是郑板桥，天下人才是真正的糊涂蛋，他们"糊涂"在封建专制和礼教的迫害之中，而令人悲哀的是，郑板桥这名"清醒"了的青天县令反而被说成是糊涂了。

第二节 难得糊涂，胸中有泾渭

老困乌纱十二年，游鱼此日纵深渊。
春风荡荡春城阔，闲逐儿童放纸鸢。

买山无力买船居，多载芳醪少载书。
夜半酒酣江月上，美人纤手炙鲈鱼。

乾隆癸酉太簇之月，板桥郑燮罢官作二首。

——《罢官吟》

众所周知，书生郑板桥自始至终都是一名貌狂内谨的人，他虽然无法改变自己狂放一生、独行一世的风格，但他是"胸中有泾渭"的。随着年月的增长和时间的流逝，他愈加对自己的命运和时局的变化心有所解。如果在范县任上，还是居安一隅的幸运处所，那么潍县做官面对的复杂场面，却是他所料不及的。他一心一意为赈灾努力,却不料自己的一番心血却和欺上瞒下的上司抵触,屡屡上报灾情还遭"大过"处分;号召大户开仓、压制高价投机等得罪诸多权贵更是自然之事。因此他内心很可能早已萌生归去之志,守官和退居的矛盾在胸中两军对垒,毕竟是奋斗了大半生的仕途功名,说走就走,对谁来说都不是容易的事情。尤其是到了潍县之后,通过一系列的危机,郑板桥心中的失落感更为明显。心中的抱负和黑暗的现实,在郑板桥这里,实在是难以统一,他无时无刻不在经受着矛盾的纠葛,退居的思想随着年华老去,日益增长,最后占据了主要地位实际上也是自然而然的事。

从历史观察的角度来看,促使他内心矛盾发展的原因,不外乎客观的外部因素和主观的内部原因两个方面,具体从他的事迹中,又可以看到这样几个因素。

客观方面,现实的黑暗政治是无法回避的因素。早在求仕时期,郑板桥就对官场腐败、政治黑暗有所见闻,有过亲身经验。而经历了十多年的官场生涯,于此有了更为深刻的体会。这时候我们已经很难看到郑板桥当年"手把干将浑未试,几回磨淬大江流"的跃跃欲试了。相比之下,更多的是"身轻似叶,原不借乎缙绅;眼大如箕,又何知夫钱房"的字眼。他以艺术家敏锐的感官,又掺杂了一些读书人的理智和智慧,理性地观察社会、人生、时代。

潍县饥荒无疑是郑板桥的官场第一课。在赈灾中,他具体地看到了政治的腐败、官僚的贪婪。他在诗作中提出的一系列疑问,为何赈灾前不能做一些预防工作?为什么赈灾时会出现冒名滥发的遗漏?为什么赈灾过后,钱粮仍然难以到达百姓的手里……而且他竟然冒天下之大不韪,直语相对,"大放厥词":皇帝高高在上,根本不了解民情;官吏从来不把百姓放在眼里,他们的为官出仕和人民的选择没有半点关系,他们又如何能够去关心民生疾苦呢?郑板桥也看到赈灾大员下来查看,大多的是走马观花、走走过程、混混资历,混一个赈灾济世的美名,沽名钓誉一番,回朝还能邀功求赏,简直就是趋之若鹜。他们心里何尝又会装着百姓的生计呢？这些真相，板桥已经是看得十分清楚了。

当潮水退去，社会仍然有这样那样一如既往的问题，百姓的生活仍旧被苛捐杂税盘剥得一贫如洗。如果说这些故事对于皇帝大员们来说是"天方夜谭"，那么处于第一线的七品县令郑板桥则是日日所闻的第一现实。但无奈的是，他有心却无力，甚至有可能引火烧身。当然他可以对这一切冷眼漠视，但他是一名有良心的硬汉子，他无法不去处置，不去帮助这些子民们，但其间进退之苦，如人饮水，冷暖自知。

而对于趋炎附势、迎来送往，郑板桥更是搞不来的，简单地说，他混不来那个乌烟瘴气的官场。郑板桥虽然乐于结交朋友，和一些上司高层保持着不错的关系，写了不少称颂的诗作，画了些许出色的画品，但可以发现这些人如慎郡王、高斌、卢雅雨等，大多都是和郑板桥自身有着类似之处的人。对那些不学无术、贪得无厌的官僚大吏，就算是顶头上司，他不仅不肯违心颂扬，甚至还要讽刺几句。潍县灾后，大员们在省城趵突泉大会宾客，席间邀请郑板桥吟诗助兴，他衣袖一挥，在会场中如入无人之境般激愤道：

原原本本岂徒然，静里观澜感逝川。
流到海边浑是卤，更谁人辨识清泉。

这些衣冠整齐、穿着华丽的大员官僚，实际上正是诗中所说的"流到海边浑是卤"。他的诗作不单单是愤怒的抨击，更是有着人性的宽容和社会的思考。是啊，本来都是好好的清泉，不少人也是出身下层，饱受沧桑才爬到今天的地位，可是一到这里怎么就成了"卤"呢？怎么就成了不分美丑、黑白颠倒的贪官污吏呢？郑板桥的愤怒之作是深刻的，是着眼在社会和制度的思考上的。据曾衍东《小豆棚》记载，此诗一出，"满座怫然，金谓郑讪诽上台"。你一个唱戏的小角不好好表演，还给大家的舞台泼脏水，各位名角当然怀恨在心，齐心合力毁谤他！政治回避不了斗争，如果你的敌人是甲乙丙丁，还可一战，如果和整个时代争斗，结局大多不会美好。即使郑板桥任上政绩斐然，但众口铄金、三人成虎之力，足以置人于死地。郑板桥的耿直生性，不懂收敛，不愿看着上司的眼色做事，只遵从自己的良心，整个戏台又如何能容得下这么一个怪哉小角呢？

他在《与江宾谷江禹九书》中说："且夫读书作文者，岂仅文之云尔哉？将以开心明理，内有养而外有济也。得志则加之于民，不得志则独善其身，亦可以化乡党而教训子弟。切不可趋风气，如扬州人学京师穿衣戴帽，才赶得上，他又变了……"这不仅仅是他对现实社会的观察和思考，更是自己的内心独白。在趋奉成习的官场上，板桥的立场和态度无疑是格格不入的，如他的朋友郑方坤所说"于州县一席，实不相宜"。

郑板桥的性格和现实官场的抵触，必定会得罪权贵。法坤宏的《书事》中记载了这样一段故事：法坤宏乾隆十六年路过潍县，在一友人家饮酒，时有三两商人在座，谈话中讲到郑板桥，法便插话打听此人如何，商人回答说，板桥文采卓群，但为官似有欠缺，不合时宜。法连忙问及原因，商人说，"喜事，丙寅丁卯见，岁连歉，人相食，斗粟值钱千百。令大兴工役，修城凿池，招徕远近饥民，就食赴工；籍邑中大户，开厂煮粥，轮伺之；尽封积粟之家，则其平粜。讼事则右窭子而左富商。监生以事上谒，辄庭见，据案大骂；驮钱驴有何陈乞，此岂不足君所乎！命皂吏脱其帽，足踢之，或捽头黥面驱之出"。法坤宏又问道，板桥一贯爱护才德之士，这是什么缘故？商人又马上回答道：不就是不大和有钱人来往吗。法听完后笑道：真是贤县令，这种做法虽然古怪，也算不错啊。几个商人一听，面面相觑，惊愕立身而去。

法坤宏记载的这段琐事，郑板桥还尚在潍县任上，但可以看出当时的商人已经对他做法有所不满，私下颇多议论了。郑板桥的做法打坏了雄霸一方的土豪大户的如意算盘，而且不会是一次两次，肯定积怨已久。这些土财主和上层官府有着千丝万缕的联系，他们上下串通一气，如果说不足以使坏，但营造点不利的社会舆论，在官僚之间散播些诋毁的谣言可就是绰绰有余了。

事实上，郑板桥曾写过一首《紫砂壶》很值得玩味。

嘴尖肚大耳偏高，才免饥寒便自豪。

量小不堪容大物，两三寸水起波涛。

这首诗表面上在讲紫砂壶，其实是对那些唯恐天下不乱、不务正业的小人佞臣的辛辣讥讽。他们肚子滚圆就像这紫砂壶一般臃肿难看，但肚中空空如也，没有几点墨水，更不用说才学品德。他们气量狭小，但却有着与生俱来的天赋，那就是善于妒忌，搬弄是非，兴风作浪。即便是在紫砂壶这"两三寸水"的小世界里，竟然也能搅起狂波恶浪。本来郑板桥就不是一个善于应酬交际的人，他不会屈膝取悦，更不会八面玲珑。以直性子、直脾气面对黑白真假的结果肯定会得罪一些群小，而那些指鹿为马、三人成虎的流言蜚语肯定无法避免了。

郑板桥一贯"右窭子左富商"的风格也表现在断案之中。前文讲到的郑板桥断案的故事，比如"对联"一案败诉的一方是穷秀才的雇主；"和尚尼姑成婚"一案，最先也是被一名乡绅发现，送到衙门的，类似的案件在郑板桥任上十余载时间里，由此可见一斑。这些乡绅各有后台，平时不显山露水，在后面玩点小把戏，伺机出动。正好此时，郑板桥罚了某富户的金银，手续有些欠妥，攻郑者就以此为借口，告到吏部说郑板桥滥用职权，贪污罚金，坑害乡绅。天高皇帝远，况且攻击郑的人也不止一两个，吏部看材料办事，处理一个七品小县令还是得罪更多的权贵，"识时务者为俊杰"的吏部官员，自然是以省府意见为要。而这也成为了郑板桥告别官场的最后一根稻草。

官场上的尔虞我诈让郑板桥无法接受；靠趋炎附势、见风使舵的作风谋求官职，也使他的内心感到失衡。郑板桥一心为民,勤勤勉勉,但屡屡因此受挫,在黑暗颠倒的时代,最痛苦的莫过于那些不愿丢弃良心的老实人。现实的不平让郑板桥的内心无限孤独、无限惆怅,又无法排解平复,只好诉诸于胸中的笔墨豪情自慰一番。

进又无能退又难,宦途蹋蹬不堪看。
我家颇有东篱菊,归去秋风耐岁寒。

进退失据,宦途多舛,强烈的失落感困扰着郑板桥。在这个时候,他自然而然想到了前辈陶渊明的"归去来兮",千百年来,陶潜失意后"采菊东篱下"的与世无争和悠然自得,无疑是文人墨客官场挫折后的精神避难所。诗中描述的避难天堂,给予历代文人士大夫的精神冲击是强烈的。前代人中不乏效法陶潜的人,而今,郑板桥的仕途官宦似乎也遇到了相同的困境,不难使他想到这位著名的归隐前辈。

五十九岁时写下的《唐多令·思归》满载了郑板桥久别的乡愁,充满了孤独归隐的寂寥感。

绝塞雁行天,东吴鸭嘴船,走词场三十余年。少不如人今老矣,双白鬓,有谁怜?
官舍冷无烟,江南薄有田,买青山不用青钱。茅屋数间犹好在,秋水外,夕阳边。

我的一生像边塞的大雁、东吴的小船般漂泊不定。从事翰墨之事三十多年,年轻时就不如别人,更别提我现在老了!两鬓斑白,有谁会可怜我呢?官衙门可罗雀、炊烟渐冷,还好江南故地有些许田产,况且家乡一带诸山,可随时登玩,无须盘缠。我的几间茅屋仍然还伫立在那夕阳下的池塘边。

与孤独感相为映照的是久居官场的郑板桥对原来生活的追思。随着年华老去,他更加地感受到世间最为值得留念的不是功名,而是生活最本来的模样。他思念江村的墨竹、溪流,扬州的乌船、篱菊,园林中的诗朋画友,深山隐寺的清幽宁静,童年时兴化老家门前的一丛绿竹……这些属于他的生活中最天然的快乐发出轻声的呼喊,召唤着他重新回来。久困官场,尤知自由的可贵,想要重新回到自然中去,闲暇时以卖画营生,郑板桥开始愈加地追忆原本属于自己的生活。

> 数声桄桔隔烟萝,是处西风压稻禾。荻苇半含东墅雨,鹭鸶遥立夕阳波。
> 买鱼人闹桥边市,得酒船归月下歌。拟向湖干筑秋舍,菊蘺枫径近如何?
> (《忆湖村》)

就在那如画的湖畔边上建立起一座茅屋,与荻苇、稻禾、晚枫、菊蘺、鹭鸶终日为友,这是何等的自由自在。在诗词的世界里,郑板桥无拘无束地逃离了官场,飞向了自由的仙境。这种超乎现实的游离和妄想,正是现实乏闷生活的相对。

> 客来颇有一盘棋,客去非无酒数卮。发短官忙身又病,倩君饶我一篇诗。
> 兴到千篇未是多,愁来一字懒吟哦。非云此事从今绝,脱复佳时待体和。
> (《饶诗》)

忙于案牍、忙于交际的官场生活,让郑板桥疲于奔命,连写诗的兴头都消散了。甚至面对潍县青山无限的美好风光,满腹惆怅的诗人也难以打起精神,满山青色撩起的是郑板桥无限的乡愁和烦恼。

> 行尽青山是潍县,过完潍县又青山。宰官枉负诗情性,不得林峦指顾间。
> (《恼潍县》)

青山潍县、潍县青山,反反复复、重重叠叠,就像进退维谷、循环反复的官场生涯,应酬、案牍不知道什么时候才是个头,什么时候才是结束的一天。

乾隆十六年九月十九日，距去官回家还有两年的时间里，五十九岁的郑板桥历经磨难坎坷，饱经沧桑世事，堪破人生无常的郑板桥提笔以他那独有的"六分半书"写下了"难得糊涂"四个大字，这幅"难得糊涂"的巨大横幅也成为了后人认识了解郑板桥的名片。

难得糊涂

小跋：聪明难，糊涂难，由聪明而转入糊涂更难。放一着，退一步，当下心安，非图后来福报也。

聪明绝顶、才气逼人的郑板桥近六十岁时写下了"难得糊涂"这么一幅字。这四个字可以说是郑板桥漂泊一生的感悟，后世对它的解读也可谓是众说纷纭。有人读出世故之态、有人认为是无奈之举、有人觉得是智慧之道，更有的人看出的是为官之术……或许这是一世聪明却又终生挫折的郑板桥留给后人的一面镜子，看到的与其说是郑板桥一生的浓缩，不如说是映照的自己。笔者在这里想要说明的是，经历一生风云起伏的郑板桥，这位疲惫不堪的老者，经历近六十年的风雨，演绎出"难得糊涂"的人生哲学，用愚笨、糊涂来面对世界，恐怕最大的原因是世界是需要糊涂，需要愚笨的。

接着，郑板桥于耳顺之年写下的《六十自寿联》除了字面上的一丝"耳顺"之意外，仿佛铺垫的是别的去向。

常如作客，何问康宁，但使囊有余钱，瓮有余酿，釜有余粮，取数叶赏心旧纸，放浪吟哦，兴要阔，皮要顽，五官灵动胜千官，过到六旬犹少。

定欲成仙，空生烦恼，只令耳无俗声，眼无俗物，胸无俗事，将几枝随意新花，纵横穿插，睡得迟，起得早，一日清闲似两日，算来百岁已多。

对于世相，花甲老人郑板桥也无须粉饰，无须装腔，无须遮遮掩掩。他只希望将自己最真实的感触，付诸笔墨，让后人评说、让历史评判。

春雨春风写妙颜，幽情逸韵落人间。而今究竟无知己，打破乌盆更入山。
（《题破盆兰花图》）

乾隆十七年（1752）年底，吏部来文，免去郑板桥知县职务，理由就是郑板桥贪污罚金款。紧接着浙江进士新任潍县知县韩光德就来接任，郑板桥交割了印信，暂居友家，与韩拱手告别，这名贪污罚金款的贪官污吏最后牵着三头毛驴，领着一名小书童，担着行李，回乡了。

老困乌纱十二年，游鱼此日纵深渊。
春风荡荡春城阔，闲逐儿童放纸鸢。
买山无力买船居，多载芳醪少载书。
夜半酒酣江月上，美人纤手炙鲈鱼。
乾隆癸酉太簇之月，板桥郑燮罢官作二首。（《罢官吟》）

附《与江宾谷江禹九书》

学者当自树其帜。凡米盐船算之事，听气候于商人，未闻文章学问，亦听气候于商人者也。吾扬之士，奔走躞蹀于其门，以其一言之是非为欣戚，其损士品而丧士气，真不可复述矣。贤昆玉悄然闭户，寂若无人，而岳岳荡荡，如海如山，令人莫可穷测。嗟呼，其可贵也！文章有大乘法，有小乘法。大乘法易而有功，小乘法劳而无谓。《五经》、《左》、《史》、《庄》、《骚》、贾、董、匡、刘、诸葛武乡侯、韩、柳、欧、曾之文，曹操、陶潜、李、杜之诗，所谓大乘法也。理明词畅，以达天地万物之情，国家得失兴废之故。读书深，养气足，恢恢游刃有余地矣。六朝靡丽，徐、庾、江、鲍、任、沈，小乘法也。取青配紫，用七谐三，一字不合，一句不酬，拈断黄须，翻空二酉。究何与于圣贤天地之心、万物生民之命？凡所谓锦绣才子者，皆天下之废物也，而况未必锦绣者乎！此真所谓劳而无谓者矣。且夫读书作文者，岂仅文之云尔哉？将以开心明理，内有养而外有济也。得志则加之于民，不得志则独善其身，亦可以化乡党而教训子弟。切不可趋风气，如扬州人学京师穿衣戴帽，才赶得上，他又变了。何如圣贤精义，先辈文章，万世不祧也。贤昆玉果能自树其帜，久而不衰，变虽不肖，亦将戴军劳帽，穿勇字背心，执水火棍棒，奔走效力于大纛之下。岂不盛哉！岂不快哉！曹氏父子，萧家骨肉，一门之内，大小殊轨。曹之丕、植，萧之统、绎，皆有公子秀才气，小乘也。老瞒《短歌行》，萧衍《河中之水》歌，勃勃有英气，大乘也。彼虽毒蛇恶兽，要不同于蟋蟀之鸣，蛱蝶之舞；而况麒麟鸾凤之翔，化雨和风之洽乎！司马相如，大乘也，而入于小乘，以其逞词华而媚合也。李义山，小乘也，而归于大乘，如《重有感》、《随师东》、《登安定城楼》、《哭刘》、《痛甘露》之类，皆有人心世道之忧，而《韩碑》一篇，尤足以出奇而制胜。青莲多放逸，而不切事情。飞卿叹老嗟卑，又好为艳冶荡逸之调，虽李、杜齐名，温、李合噪，未可并也。词与诗不同，以婉丽为正格，以豪宕为变格。燮窃以剧场论之：东坡为大净，稼轩外脚，永叔、邦卿正旦，秦淮海、柳七则小旦也。周美成为正生，南唐后主为小生，世人爱小生定过于爱正生矣。蒋竹山、刘改之是绝妙副末，草窗贴旦，白石贴生。不知公谓然否？

板桥弟郑燮顿首宾谷七哥、禹九九哥二长兄文几。

乾隆戊辰九日，潍县顿首。

第九章

去官南归：浸淫书画结朋缘

"策马有心鞭已折，抄书无力眼全昏。而今说醒虽非醒，前此俱为蝶梦魂。"为之奋斗大半生的功名之路，历经十二年官场风雨，到头来却好似庄周一梦。不如速速南归，呼朋唤友，酣畅江川，吟诗作画才是人生快事。

第一节 罢官归去，策马有心鞭已折

策马有心鞭已折，抄书无力眼全昏。

而今说醒虽非醒，前此俱为蝶梦魂。

——《真州八首》

在潍县最后几年的时间里，可谓是郑板桥一生中思想矛盾斗争最激烈的时候。退与守的矛盾一直此起彼伏地对抗着，世道险恶、人心不古、社会不公、官场黑暗、明争暗斗、荆棘丛生等这一切都在煎熬着郑板桥的精神，迫使他产生了强烈的被遗弃感。厌倦、乏闷、孤独对于年届花甲的老人来说，身心所受的双重折磨可谓是十分巨大和残忍的。他原本想做一名正直清廉的父母官，谁知十余年的官场生涯让他载负着这个梦想节节败退，最终化为"难得糊涂"四个似是而非的大字。他冷眼观察和思考着所处的时代和社会，空有一番激情，空有一腔抱负却无法施展开来。

柏叶枫枝静掩门，卧看霜雁碧天痕。

一生去国鲁司寇，万古辞家佛世尊。

策马有心鞭已折，抄书无力眼全昏。

而今说醒虽非醒，前此俱为蝶梦魂。（《真州八首》）

这是郑板桥离开潍县不久写下的诗作，诗中流露出的心境和十多年前，告别允禧，踌躇满志踏上仕途时已经截然两样。"策马有心"，可是路在何方呢？纵使有经天纬地之才，又有怀仁济世之志，但已经无力施展了。现在似乎似醒非醒地觉得，过去的所作所为好似化魂为蝶的庄周之梦，真假难辨。

乾隆十七年（1752）年底，在寒冬之中，郑板桥交出了印信，脱离了令人厌倦的官场生涯，辞官归去，结束了宦海生涯。

由于现存的史料记载不一，关于郑板桥辞官的原因也是众说纷纭。

《扬州府志》："以疾归。"

《兴化县志》："乞休归。"

郑方坤的《郑燮小传》："以疾乞归。"

《清史本传》："以请赈忤大吏，乞疾归。"

以上几种官方的记载，虽然表达不同，但大体可归纳为得罪上司，称疾而归，如清史中提到在赈灾中得罪了上级。根据曾衍东《小豆棚·杂记》记载："后因邑中有罚某人金事，控发，遂以贪婪褫职。"此事恐怕外人不太清楚，也可能是为尊者讳，但是结合官方的记载，可以发现，这些因素都是一脉相承的。"罚金，控发"一事和赈灾得罪上司等事情相互叠加，让郑板桥无法再在官场栖身，而板桥归家之意愈烈，故称疾还家。

郑板桥对辞官回家是早已有了心理准备的。此前，金德瑛去潍县与他会面时，就有了"板桥倾以事干部议，有去志矣"的记录。郑板桥曾在《青玉案·宦况》词中描述当官的情况。

十年盖破黄绸被，尽历遍、官滋味。雨过槐厅天似水，正宜泼茗，正宜开酿，又是文书累。坐曹一片吆呼碎，衙子催人妆傀儡，束吏平情然也未？酒阑烛跋，漏寒风起，多少雄心退！

词中生动地反映了郑板桥官场生活中"我被微官困煞人"的尴尬。在其他诗作中也几次讲自己"素餐何久长"，要"去去好藏拙"，要回兴化。

可见他对罢官一事早已有心理准备，而自己对这个七品官位也早已经受够了。然而经过十二年的辛辛苦苦，却最后落了个莫须有的罪名，这着实让人愤怒。"罚金"一事所受到的陷害，让郑板桥一直不能释怀。直到去世的那一年，他还不能忘却。郑板桥特地画了一幅竹子，并在上面题诗道：

宦海归来两袖空，逢人卖竹画清风。
还愁口说无凭据，暗里赃私遍鲁东。
板桥老人郑燮自赞又自嘲也。乾隆乙酉，客中画并题。

说我贪污，哪里是那么一点"罚某人金事"，我的"赃私"可是遍及鲁东大地。令人可笑的是，我这个大贪污犯，宦海归来却是两袖空空，如今还靠卖画养家糊口，这真是天大的自嘲，但公正和天理又藏在哪个角落呢？

当年潍县罢官，乡民自发前来送行之时，郑板桥就在《画竹别潍县绅士民》一诗中为自己辩解。

乌纱掷去不为官，囊橐萧萧两袖寒。

写取一枝清瘦竹，秋风江上作渔竿。

郑板桥是在光明磊落地向潍县的百姓们宣告自己的清白。我郑板桥不是为了乌纱帽才来做官的，也不是为了发横财而踏入仕途。如今我的罢官归去，依然两袖清风。临别之时，身无财物，只好画上一支清瘦的翠竹给辖地的各位父老乡亲，聊以江上垂钓时做一钓竿而用。

《小豆棚·杂记》还详细记载了郑板桥离开潍县时的情景。

当其去潍之日，止用驴子三头，其一板桥自乘，垫以铺陈；其一驮两书夹板，上横担阮弦一具；其一则小皂隶而娈童者骑以前导。板桥则风帽毡衣，出大堂，揖新令尹，据鞍而告之曰："我郑燮以娄政，今日归装若是其轻而且简，诸君子力踞清流，雅操相尚，行见上游器重，指顾莺迁，倘异日去潍之时，其无忘郑大志泊也。"

《小豆棚·杂记》的作者曾衍东是孔子门徒曾子的后代，乾隆壬子年举人，生性落拓不羁，工诗书画，笔墨狂大，常常以奇怪取胜，慕郑板桥，常常将"难得糊涂"挂在嘴边。虽然《小豆棚·杂记》只是一本笔记，但由于曾氏和板桥同属一个时代，相距时间也不是很远，应该说《小豆棚·杂记》的真实性是有据可循的。

板桥平静而从容地和潍县的友人们告别，如《禹王台北勘灾》。

沧海茫茫水接天，草中时见一畦田。

波涛过处皆盐卤，自古何曾说有年！

从时间上来看,此时板桥的去意已决,罢官已定。但他大约住到十八年春方才离开潍县。这段时间,他搬出县衙,暂住在郭氏兄弟的南园,板桥有诗涉及此事。

借寓南园,值郭质亭母刘太宜人生辰,送土物代束。

诗下注云:"太宜人,扬之瓜州人也。"这说明,郑板桥能够寄居南园,除了与郭氏兄弟的友谊情分之外,还有着同乡之友谊。

板桥没有忘记自己的僧侣朋友,他同恒彻上人依依惜别。

隔城何处郁苍苍,落照松林短画墙。
清磬一声天似水,长河半夜月如霜。
僧闲地僻行难到,官罢云回可别伤。
满架葡萄珠万斛,秋风犹忆老夫尝。

(《留别恒彻上人诗》)

诗中透露出朋友分别之前的感伤,两位都已步入老年,今日一别,恐怕今后都难以再有机会相见了,他希望恒彻上人能够望着院子里的葡萄架,追忆旧时的好时光。

感伤只限于朋友之间的离别,对潍县的离别,对于罢官,郑板桥可能更多感到的是轻松和放达。正如他在《罢官吟》中写到的那样。

老困乌纱十二年,游鱼此日纵深渊。
春风荡荡春城阔,闲逐儿童放纸鸢。
买山无力买船居,多载芳醪少载书。

夜半酒酣江月上，美人纤手炙鲈鱼。

久困乌纱十二年，在进退之间犹豫纠结了那么多年，现在终于离去，反而觉得身上轻松了不少，仿佛鱼儿跃进了大海、鸟儿冲破了蓝天，眼前的天地陡然宽阔了起来，重回旧时岁月的种种快乐，让他重新充满向往和希望。

附《真州八首》

江头语燕杂啼莺，淡淡烟笼绣画城。沙岸柳拖骑马客，翠楼帘卷卖花声。三冬荠菜偏饶味，九熟樱桃最有名。清兴不辜诸酒伴，令人忘却异乡情。谓张仲蕾、鲍匡溪、米旧山、方竹楼诸子。

满林烟雨曙鸦啼，脉脉春流与岸齐。虾菜半肩奴子荷，花枝一剪老夫携。除烦苦茗煎新水，破暖轻衫染旧绨。最是老农闲不住，墙边屋角韭为畦。

满胜新绿燕参差，正是秋针刺水时。陌上壶浆酬力作，田中么鼓唱盲辞。鬃霖圣世唯沾块，猫虎先型有赛祠。野老何知含哺乐，优游化日向来迟。

一江离思水潺潺，绿酒红亭怨小蛮。芳草不曾遮远道，浮云只是负青山。缫丝无力春蚕老，系臂何心彩缕闲。咫尺乡园千里阔，大刀头缺几时还？

莽莽山城接水城，千年霸业尚纵横。佛狸去后弛戎马，侯景来时酿战争。君相南朝同燕幕，文章六代总蛙声。衣冠礼乐吾朝盛，除却苑苗未点兵。

伍相祠高百尺楼，屯田遗墓也千秋。溪边花落三春雨，江上潮来万古愁。无主泥神常趁庙，失群才子且低头。画船半破零星板，一棹残阳寂寞游。

踏遍芒鞋为买山，谁家小阁村中间？白云封处门长闭，红日高时梦未还。六代烟花销妄念，扬州金粉付朱颜。惟余一二渔樵侣，钓雨担云事未艰。

柏叶枫枝静掩门，卧看霜雁碧天痕。一生去国鲁司寇，万古辞家佛世尊。策马有心鞭已折，抄书无力眼全昏。而今说醒虽非醒，前此俱为蝶梦魂。

第二节 重回故里，整理旧稿

二十年前载酒瓶，春风倚醉竹西亭。
而今再种扬州竹，依旧淮南一片青。

——《初返扬州画竹第一幅》

踏着满山的青翠，沐浴着略带寒意的春风，郑板桥回来了，回到了阔别十八年的江南故地。而这时候，他已经是六十一岁的老人了。

望着故土风物，闻着田野的芳香，他仿佛觉得自己也年轻了很多，他准备重耕砚田，整理旧稿，在艺术生涯中度过最后的光阴。这时候的郑板桥，早已今非昔比，他的名声已经传遍大江南北，倾心崇拜者布满江淮两岸。

郑板桥这次返里，虽不是递解回籍，也确是铩羽而归。因之，虽然他的后方稳定，他的内心坦荡无愧，"只觉无颜对俗人"，这种心理压力倒也罢了，老家居室的"逼侧"，却令他难以舒展。他曾经设计好的八间二进，终于因为他不会敛财，又乐善好施，赈济灾荒，以为千金散尽还复来，卖画所得也随手花掉了，结果千金散尽不复来。"娱老"的小院始终是一纸空文。这次从山东带回的行囊虽不多，但三头毛驴两个大人，总得住下。而且，他此时已声名较大，时有来客，总得有个见客的地方，老宅是无论如何住不下的，弟弟那里也不好挤，因此他的安居就成了一大问题。俗话说"车到山前必有路"，郑板桥的"山前路"就是友谊之路，这时郑板桥的同乡好友李鱓向他伸出了友谊之手，热情诚挚地邀请他到自己的花园别墅浮沤馆居住，愿与这个同乡小弟"乐与数晨夕"（陶渊明诗）。浮沤者，水面上的泡沫也，取苏轼诗意："羡师游戏浮沤间，笑我荣枯弹指内。"（《龟山辩才师》）浮沤馆这所花园别墅，景色宜人，曾为兴化著名园林。这次郑板桥来，从人、从地、从友谊等方面来说，绝无寄人篱下之苦，而有同好同居之乐。

于是在李复堂浮沤馆旁择地重建了别业，取名拥绿园。根据翁方纲记云："是园在兴化南城内升仙里，元柴默庵非升故地也。沟渠映带，竹树阴森，李复堂因其地之幽僻，曾构楼阁数椽，缀以花草，以为退休之所，赋诗作画，日与诸名士啸傲期间，号曰浮沤馆。"板桥在此地建立别业，其愿望早在范县任上就已萌生。他在《怀李鱓》中写道：

待买田庄然后归，此生无分到荆扉。借君十亩堪栽秫，赁我三间好下帷。柳线软拖波细细，秋针青惹燕飞飞。梦中长与先生会，草阁南津旧钓矶。

在《署中示舍弟墨》中他也提到："李三复堂，笔精墨渺。予为兰竹，家数小小；亦有苦心，卅年探讨。速装我砚，速携我稿；卖画扬州，与李同老。"如今，终酬夙愿。李将浮沤馆东部分出几间让板桥住，板桥也得其所哉地题上匾额"聊借一枝栖"。兴化的两颗艺术明星，扬州八怪的二怪就相聚在"浮沤"里了！

浮沤虽好，但不是终老的好去处。何况现在胸中积愤难平，惶惑难解，今后漫长的岁月如何度过？如何取得家用的"稻粱"？又怎样对待俗人误解的眼光？好在此时的郑板桥书画早已名满江南，他又来到扬州卖画，收入颇丰，因此郑板桥一安顿好家小，很快就来到扬州，和李同住在扬州城北竹西寺。郑板桥一到扬州，诗朋画友，纷然来会。

扬州八怪中品位相当，交情特深者，当数郑板桥、李、金农三人。金农在扬州八怪中是一位佼佼者，德艺双高，特别富于创意，郑板桥对他佩服不已，在画竹题跋时，特为拈出金农的"清瘦两竿如削玉，首阳山下立夷齐"，认为"自古今题竹以来，从未有用孤竹君事者，盖自寿门始"，并说："寿门愈不得志，诗愈奇。"在为落拓者立传的《绝句二十一首》中，写金农的更充满崇拜之情："银河若问支机石，还让中原老匹夫。"颂扬金农知识极其渊博，有谁要想知道人所不知的学问，只有请问这位中原老匹夫（金农）了！今日相逢恍如隔世，更多情味。

这次扬州再会还有件大趣事、大快事，就是在聚会席上，扬州八怪之一李勉展示了一副撰赠郑板桥的对联，引得众人叫绝。

三绝诗书画，一官归去来。

既概括了郑板桥的超群技艺，又概括了郑的宦海生涯。梁章钜《楹联丛话》卷十二对此还有细节的描述，说当时大家先看上联，猜对下联，均未能拈出"一官归去来"，展示后方知，皆叹李妙手神来。如此绝对，从此不胫而走，成为板桥一生写照。板桥领略着老友挚情，也感奋不已，当场又展纸挥毫画竹题诗《初返扬州画竹第一幅》。

二十年前载酒瓶,春风倚醉竹西亭。而今再种扬州竹,依旧淮南一片青。

该画上的印章是"燮之印"和"二十年前旧板桥"。"二十年前旧板桥",是截取的刘禹锡《杨柳枝词》"清江一曲柳千条,二十年前旧板桥。曾与美人桥上别,恨无消息到今朝"中的一句,除了双关巧合——板桥,二十年后又到扬州外,还寄托了郑板桥对只认名不认艺的愤怒和讽刺,所以郑板桥常用之钤于扬州买画者的画幅上。

乾隆二十年,板桥与李复堂、李方膺再度相聚,切磋画艺,谈诗论文并挥毫合作了画卷。板桥即兴题诗于其上。

复堂奇笔画老松,晴江干墨插梅兄,板桥学写风来竹,图成三友祝何翁。

(《题三友图》)

原来他们合作的是岁寒三友图卷。画中的松竹梅,实际上就是李复堂、李方膺和郑板桥。松竹梅历经磨难,经霜不凋,他们三人之间的友谊不也正是如此吗?

郑板桥在扬州安顿下来后,朋友们接风的欢乐渐渐消散,心上的伤痛又隐隐泛起,何以这么好心没好报?苍天真的如此不公?是不是真的命中注定?记得在范县时,才华绝世的陈孟周就曾替他排过生辰八字,说他仕途将会一帆风顺,不久将升任知府,当时确也似乎如此,大中丞都向他明示,考绩名列第一,将保举知府。而这位陈孟周是小神仙一般的命相家,"圆峤仙人"一般的人,又与自己交情极厚,该不会妄言吧,那么问题究竟出在哪里?应该再找些高明的算命先生替自己算算。听说杭州有极高明的星相家,何不去找一找,请一请,又可从容看看浙江山水,再交些朋友,说不定会柳暗花明又一村。他就择日上路直奔杭州。

郑板桥到杭州后住在西湖南屏山净慈寺（南屏山以多竹闻名于世，"南屏晚钟"是杭州名胜），一住下，就开始寻算命先生和游览。令人深思的是，郑燮在《刘柳村册子》等文中只热情洋溢地记载漫游之乐、财礼之丰。例如在《与墨弟书》中说：

初到杭州，吴太守甚喜，请酒一次，请游湖一次，送下程一次，送绸缎礼物一次，送银四十两。郑分司与认族谊，因令兄八哥十哥在扬州原有一拜；甚亲厚，请七八次，游湖两次，送银十六两。但盘费不少，故无多带回也。

披县教谕孙升任乌程知县，与我旧不相合。杭州太守为之和解，前憾尽释。而湖州太守李公讳堂者，壬戌进士，久知我名，硬夺杭守字画。孙乌程是其下属，欲逢迎之，强拉入湖州作一月游。其供给甚盛，姑且游诸名山以自适。第一是过钱塘江，探禹穴，游兰亭，往来山阴道上，是平生快举；而吼山尤妙，待归来一一言之。华灿且留住数日，我于端午后必回。兄燮与墨弟。

郑板桥在杭州期间，还得到了当时杭州知府吴作哲的盛情款待。他在《郑板桥集·补遗·刘柳村册子》中记述到：

游西湖，谒杭州太守吴公作哲，出纸二幅，索书画。一画竹、一写字。湖州太守李公堂见而讶之曰："公何得有此？"遂攫之而去。吴曰："是不难得，是人现在此，公至南屏静寺访之，吾先之作介绍可也。"次日，泛舟相访，置酒湖上为欢；醉后，即唱予《道情》以相娱乐。云："十年前得之临清王知州处，即爱慕至今，不知今日得会于此！"遂邀至湖，游苕溪、溪、卞山、白雀，而道场山尤胜也。府署亭池馆榭甚佳，皆吾扬吴听翁先生所修葺。

吴知府对郑板桥一见倾心，对他所赠予的字画几乎达到了顶礼膜拜的地步。这次重回杭州，郑板桥收获颇为丰硕。得到了太守们馈赠的钱财，一洗穷愁；再次游览了杭州名胜，一了夙愿。好友重逢，虽然吴太守等都为现任官员，但他们对郑板桥罢官回家，不仅毫无歧视，还争相传阅咏唱郑板桥的得意之作，这对郑板桥来说，实在是莫大的安慰和鼓励。

在这一时期寄往朋友和家人的书信中，一字未提他到杭州的初衷：他来杭真正目的，是找算命人弄清自己的"过去未来"。现在有未找到算命人？算得如何？上述家书、文章都未提及。但可从郑燮此时无限的欢乐中，看出他心头的愤懑已有所消解，阴影已淡化。很可能他已找到算命人，算到个"好命"了。事实正是如此，他在另一封家书中说得十分明白。

一到杭州即访杨四衙，其子一贫彻骨。嗟乎！兴化人笑我不会寻钱，岂知我之所以养身养财者，固自有道乎！杨四衙儿子命理甚精，比俗流欲高数等，谓我这五年是晦气，乃知孟周之言亦不灵也。我六十五岁方大行运，与前不同，当为内京官，掌生杀。湖州太守命学尤精，谓我六十五岁后生子，扬名发财。其命章带与你看。若果如此，吾弟可无忧窘隘矣。个个算命人皆如此说，而杨、李二公谈得最为亲切有理，咬牙顿口不差。可与太太、两嫂子并大女、二女说也。（《兄燮又与墨弟》）

郑板桥至少算过三回命，陈孟周、杨四衙儿子、湖州太守李堂均给他算过，还有未提名字的"个个算命人"，替郑算过命的肯定不止这三人。这次算命的结果与前不同。"孟周之言亦不灵也"，说明陈孟周以前算板桥的命好是好话说得很多，与郑燮的现实罢官、无子正好相反。现在为何这么倒霉，因为

"这五年是晦气",还未"大行运"。六十五岁以后升官、发财、生儿子也被言中。这次算命人非常高明。"命理甚精","尤精","谈得最为亲切有理"。这五点正是郑板桥心中疑团的答案和积愤的消解剂。郑板桥心中的疙瘩,现在一下子全解开了!赶快将命章带与墨弟看,并叫转告家人,从此不必担心,不会穷困了。郑板桥心头的乌云被朋友的欢聚、赠馈的丰厚、充满希望的命单这几阵清风吹得无影无踪,就好像已接到诏书似的写信回家报喜了!

第九章 去官南归:漫淫书画结朋缘

第三节 醉心兰亭,心游八荒

刻印兼书画之精神,而直追汉与秦,

其醇厚与疏宕,殆仿佛其为人。

宜乎业不多觏,是固稀世之珍。

——《板桥道人像赞》

带着极大的宽慰和满足,郑板桥离开了杭州,再度漫游。沿钱江、萧山到绍兴。这个地方与名胜古迹有关的名人很多,不少是郑板桥所崇拜的,如兰亭的王羲之、沈园的陆游,等等,相关古迹不可不吊。绍兴城内的徐渭故居"青藤书屋"、会稽山麓的大禹陵也不可不看。人所共知的"山阴道"也不可不细品一番。好在此时已无王命在身,自由自在,而且知晓好的命运即将来临,轻松喜悦的心情,使他对每一个向往的胜地都要随喜一番。

离开杭州漫游的第一站是钱塘江,他又一次领略了钱塘"银龙翻江截江入,万水争飞一江急"的奇异壮观,但这次不像上次那样激动,一下子写了几首诗，满怀希望地高唱"世人历险应如此，忍耐平夷在后头"了。也许他想到十九年来，江潮依然，而郑郎已老，"尽历遍、官滋味"，虽装了多少次傀儡，忍耐了不知多少次，却未等到"平夷"，可见宦海潮比钱塘潮还要凶险，所以这次过钱江，什么诗作也没有。

过了钱江就直奔绍兴，先探禹穴。翠柏参天的禹王陵碑亭内的大石碑上刻着庄严肃穆的"大禹陵"三个大字。从碑亭北行数十步，"窆石"赫然在目，这块著名的石头，奇形怪状，约有六尺之高，石顶有眼如碗大，石身有许多难以认识的古文字，据说是汉刻，相传禹王遗骸就在这块"窆石"之下，"窆石"就是当年禹王下葬时引棺入穴用的工具。郑板桥平时对汉碑是"刻意搜求"，可是对此"原始之物"尚未见过。

探罢禹穴，来到兰亭。兰亭在绍兴城西南二十五里，相传这里是春秋战国时越王勾践种兰花的基地，兰花盈郊遍野，汉代在这里设驿亭，因而就叫兰亭。兰亭在清代时虽已兰花无多，而郑板桥对之恋情不减。当然郑板桥来兰亭不仅仅是探"郑家香"，更重要的是当年书圣王羲之在这里的金兰之会，雅集兰亭，饮酒赋诗，事后编集，书圣亲自动手写下千古不朽的文、书双绝的《兰亭集序》。三百二十四字的《兰亭集序》书法遒劲秀媚，千姿百态，是王羲之的神来之笔，一直被誉为"天下第一行书"，占尽王体风流，历代书法家无不以之为最高楷模。板桥自幼临摹，数不清有多少遍。乾隆八年（1743），板桥在范县又曾认真临摹一本，并木刻印行，又为此本写过一个跋语。

  黄山谷云：世人只学兰亭面，欲换凡骨无金丹。可知骨不可凡，面不足学也。况兰亭之面，失之已久乎！板桥道人以中郎之体，运太傅之笔，为右军之书，而实出以己意，并无所谓蔡锺王者，岂复有兰亭面貌乎！

于此可见板桥对兰亭之心迷神醉，但又不是依样画葫芦。他首先是真懂真爱名作，然后下苦功临摹，学到神髓。再就是师法其意，自创新风。

游兰亭当然包括游览整个兰亭风景区（鹅字碑亭，流觞亭，大小兰亭，康熙御碑［临《兰亭集序》全文］，右军祠），由绍兴城到兰亭这一路"山阴道上"的茂林修竹，相映左右，真是应接不暇，快哉此行。

郑板桥在绍兴城内着重凭吊又一个他终生仰慕的高人，徐渭的故居"青藤书屋"。郑板桥一生着魔似的崇拜的人，不是孔子、孟子，也不是李白、杜甫，而是徐渭（号青藤，字文长，1521—1593）。郑自称"青藤门下牛马走"，并以此句刻过一方印章，多次使用。"牛马走"，即司马迁所谓"太史公牛马走"，即门下差役之意。为什么郑板桥对徐渭的崇拜远胜过对自己祖先郑玄以及先世元和公公的崇拜呢？他佩服崇拜徐渭什么呢？这位明代怪杰，诗文书画在当时是天下独步，不仅见解卓绝，真率过人，对恶势力从不低头，对尸位素餐者视如粪土，而且绝艺惊人。尤其是泼墨写意画，给了郑板桥极大启示。从狂怪看来，郑板桥简直就是徐渭高徒。不仅板桥自视如此，其他书画家也有持此看法者。板桥同时代的画家童二树咏徐渭诗就有："尚有一灯传郑燮，甘心走狗列门墙。"（袁枚《随园诗话》卷六）可见郑板桥与徐渭极有相似之处。

正因为此，郑板桥到"青藤书屋"，更是见贤思己，思绪万千。"青藤书屋"在绍兴城内大乘巷，老屋大门里石砌天池（徐渭别号"天池"即取此），池中镌刻着徐渭亲笔书写"砥柱中流"四个字的一根方形石柱依然矗立，花坛上青藤绕屋，叶旺藤茂，昭示着主人倔强的精神。书屋中徐渭画像，风朗神俊。东墙刻着徐渭手书《天池山人自题像赞》，西壁则刻着《陈氏重修青藤书屋记》；南窗上端悬一小匾，上有徐渭亲笔"一尘不到"四个大字，似乎象征着徐渭的心灵和立身行事的一生。板桥惊叹徐渭书法时曾写过《贺新郎·徐青藤草书一卷》的词。

墨沈余香剩，扫长笺狂花扑水，破云堆岭。云尽花空无一物，荡荡银河泻影，又略点箕张鬼井。未敢披图容易玩，拨烟霞直上嵩华顶。与帝座，呼相近。半生未挂朝衫领，狠秋风青衿剥去，秃头光颈。只有文章书画笔，无古无今独逞，并无复自家门径。拔取金刀眉目割，破头颅血迸苔花冷，亦不是，人间病。

这是板桥看书法想到徐的为人，想到他人艺双绝，"无古无今独逞"，也许郑想到，如此天人，只落得自己刀割眉目，头破血流，奄奄一息，我郑板桥受点委屈又算什么呢！何况我尚有大福大富大贵在后。所以郑板桥在绍兴之游后，《与墨弟书》对此行总结说：

……第一是过钱塘江，探禹穴、游兰亭，往来山阴道上，是平生快举；而吼山尤妙，待归来一一言之。（《郑板桥集·补遗》）

"快举"二字将这次漫游的欢乐心情和盘托出。郑板桥这次漫游，时间充裕，使他更好地与浙派篆刻家们观摩研讨，得到名手嘉许，艺苑认同，使自己的金石艺术也上了一个新台阶，被列入"雍嘉七子"（详情在后再论）。后来西湖的西泠印社内立一仰贤亭，刻有浙派篆刻名家群像图，有数十人，按座次第四名就是郑板桥，像旁还刻有《板桥道人像赞》，曰：

刻印兼书画之精神，而直追汉与秦，其醇厚与疏宕，殆仿佛其为人。宜乎世不多觏，是固稀世之珍。

第十章

泛舟红桥：一生疏狂竹石图

七十三个春秋，也许只是宇宙的一瞬，但却是人的一辈子。人的价值并不是以年月的长短来衡量的，"鹤矫云中，霞飞天半；竹明水际，松挺岩阿"。狂怪一生的郑板桥，七十三年似乎短暂了些……

第一节 红桥盛会,板桥题诗

一线莎堤一叶舟,柳浓莺脆恣淹留。
雨晴芍药弥江县,水长秦淮似蒋州。
薄幸春光容易老,迁延诗债几时酬?
使君高唱凌颜谢,独立吴山顶上头。

——《和雅雨山人红桥修禊》

卢雅雨再度任两淮盐运使后,于乾隆二十二年,举行了一场规模巨大、盛况空前的红桥修禊活动。

红桥修禊在扬州已有一些历史。红桥据历史记载始建于明末崇祯年间。桥跨保障湖(今瘦西湖)水口,桥上围以红色栏杆,故名红桥。红桥建成后,便成为著名的风景区,为扬州二十四景中最负盛名。《鼓吹词序》云:红桥"在城西北二里,崇祯间,架以锁水口者,朱栏数丈,运通两岸。彩虹卧波,丹蛟截水,不足以喻,而荷香柳色,雕楹曲槛,鱼次环绕,绵亘十余里。春夏之交，繁弦急管，金勒、画船，掩映出没于其间，诚一郡之丽观也"!

著名诗人王士禛在司理扬州期间，曾于康熙壬寅、甲辰两次修禊红桥。王渔洋（1634—1711）是清初的文学家和名满天下的大才子，他名士禛，字贻上，号阮亭，又号渔洋山人。出身山东新城（今桓台）世家，常自称济南人。顺治十四年 (1657) 进士，官至刑部尚书。王渔洋自幼聪颖超人，有神童之誉。八岁能诗，十二岁能赋，十五岁已刻《落笺堂初稿》行世。十一岁那年，祖父王象晋，偕家人会饮，命诸孙即景作诗对句，见从弟王象咸正在挥毫，便随口吟道"醉爱羲之迹"，小辈们面面相觑无以对答，唯王士禛应声答道："狂吟白也诗。"老人惊喜地称赏说："此子必早成。"

首次修禊，王渔洋为赋《浣溪沙》三首，其中一首为：

北郭清溪一带流，红桥风物眼中秋，绿杨城郭是扬州。
西望雷堂何处是？香魂零落使人愁，淡烟芳草旧迷楼。

第二次修禊，渔洋为赋《冶春诗》：

红桥飞跨水当中，一字阑干九曲红。
日午画船桥下过，衣香人影太匆匆。

当时参与修禊的文人墨客，名流如云。由于王渔洋在诗坛的影响，红桥修禊的诗词传出后，一时间海内争相奉和，成为诗坛佳话。

王渔洋后，红桥修禊成为扬州文坛盛会。

乾隆二十二年，卢雅雨再次修禊红桥，得到了社会名流、各个阶层的拥护，轰动扬州城。卢雅雨七律四首，拉开了修禊红桥的序幕。

绿油春水木兰舟，步步亭台邀逗留。
十里画图新闻苑，二分明月旧扬州。
空怜强酒还斟酌，莫倚能诗漫唱酬。
昨日宸游新侍从，天章捧出殿东头。

重来修禊四经年，熟识红桥顿改前。
潴汉畅交灵雨后，浮图高插绮云巅。
雕栏曲曲生香雾，嫩柳纷纷拂画船。
二十景中谁最胜，熙春台上月初圆。

溪划双峰线栈通，山亭一眺尽河东。
好来斗茗评泉水，会待围荷受野风。
月度重栏香细细，烟环远郭影蒙蒙。
莲歌渔唱舟横处，俨在明湖碧涨中。

迤逦平冈艳雪明，竹楼小市卖花声。
红桃水暖春偏好，绿稻香含秋最清。
合有管弦频入夜，那教士女不空城。
冶春旧调歌残后，独立诗坛试一更。

  由于卢雅雨的影响力，更由于红桥修禊在文人雅士心目中的神圣地位，一时间，扬州争相奉和，大街小巷一片卢氏七律四首的传诵声。

  "扬州八怪"此时已雄踞扬州文坛，其中的大多数人也参与了这一活动。板桥当然也不甘落于人后，他写下了《和雅雨山人红桥修禊》四首。

一线莎堤一叶舟，柳浓莺脆恣淹留。
雨晴芍药弥江县，水长秦淮似蒋州。
薄幸春光容易老，迁延诗债几时酬？

使君高唱凌颜谢，独立吴山顶上头。
年来修禊让今年，太液昆池在眼前。
迥起楼台回水曲，直铺金翠到山巅。
花因露重留蝴蝶，笛怕春归恋画船。
多谢西南新月挂，一钩清影暗中圆。

十里亭池一水通，俨开银钥日华东。
逶迤碧草长杨道，静悄朱帘上苑风。
天净有云皆锦绣，树深无雨亦溟蒙。
《甘泉》《羽猎》应须赋，雅什先排禊帖中。

草头初日露华明，已有游船歌板声。
词客关河千里至，使君风度百年清。
青山骏马旌旗队，翠袖香车绣画城。
十二红楼都倚醉，夜归疑听景阳更。

  诗作中描写的当时铺张宏大的奇观让人留下了强烈的印象，也从侧面反映出此时扬州的繁荣与奢华。板桥和完后意犹未尽，接着又再和四首。

  广陵三日放轻舟，渐老春光尚小留。才子新诗高白傅，故园名酒载青州。公山东人。花因近席枝偏亚，人有凭阑句未酬。隔岸湔裙诸女伴，一时欣望尽回头。

莫以青年笑老年，老怀豪宕倍从前。张筵赌酒还通夕，策马登山直到巅。落日澄霞江外树，鲜鱼晚饭越中船。风光可乐须行乐，梅豆青青渐已圆。

别港朱桥面面通，画船西去又还东。曲而又曲邗沟水，温且微温上巳风。放鸭洲边烟漠漠，卖花声里雨漾漾。关心民瘼尤堪慰，麦垅青葱入望中。

新月微微一线明，唧山低树傍歌声。烟横碧落春星淡，露满宫楼夜气清。皂隶解吟笺上句，舆台沾醉柳边城。归途莫漫频呹喝，花漏东丁已二更。

恰逢红桥盛况，板桥竟有点忘情了："莫以青年笑老年，老怀豪宕倍从前。"心头雀跃兴奋之情可见一斑。人老雄风在，自觉相比起过去困于官场而言，如今更为自在，也更为豪放了。

此次红桥修禊盛况空前，据《扬州画舫录·虹桥录》记载："其时和修禊韵者七千余人，编次得三百余卷。"李啸村曾为此专门画了一幅《红桥揽胜图》，以记其盛。

红桥修禊，到了乾隆二十八年，又进行了一次。此时，恰值卢雅雨官晋淮都转运，为庆祝晋升，又于清明节，特邀扬州及客居扬州的文人雅士、社会名流等泛舟红桥，以为修禊活动。席间，宾主诗酒交欢，唱和雀跃，热闹非凡。板桥乘兴又作《和卢雅雨红桥泛舟》。

今年春色是何心，才见阳和又带阴。柳线碧从烟外染，桃花红向雨中深。
笙歌婉转随游舫，灯火参差出远林。佳境佳辰拼一醉，任他杯酒渍衣襟。

板桥老来豪情未减当年，良辰美酒，岂不快事！卢雅雨亦作诗相送。

一代清华盛事饶，冶春高宴各方镳。
风流暂显烟花在，又见诗人郑板桥。

第二节 人之将死，依旧壮怀激烈

咬定青山不放松，立根原在破岩中。

千磨万击还坚劲，任你东西南北风。

——《竹石》

大约是红桥修禊刚刚结束后不久，郑板桥重新拜访了高邮。老朋友织文相邀，板桥为书屏风并题记。

织文世兄，别去二十余年。余在山左，常念念；君在江南，亦常想至吾山左。虽不果厥志，而两心相思，无一刻忘也。乾隆丁丑，来高邮，方图买舟过访，而织文已荡桨而至，叩余寓斋。邀归村落，流连数十日，以偿廿年饥渴。织文极能诗，而谬爱拙作，辄能诵数十篇。不辞老丑，更录近草十数纸，为屏风帖以请教。昔太宗屏风摘古人嘉言懿行，而余自写其诗词，无知自大，真有愧古人，亦曰从主人之意耳。书毕系以诗：杭州只有金农好，宦海长从李鱓游；每到高山奇绝处，思君同倚树边楼。

板桥老人郑燮。(《书屏风帖赠织文世兄》)

游览、吟诗、故地咏怀,脱去乌纱之困,郑板桥自由自在地重新享受着自己最热爱的生活方式。对于六十多岁的老者来说,人生已经将要走向终点,板桥重回故地,他奔忙着,抓紧时间几乎要把所有的故地都重游一遍。

六十六岁时,郑板桥再次回到真州。真州,是郑板桥年少读书之地,是他首次踏入社会设馆教徒的地方,恐怕也是他年少时情愫初萌之地。由此种种,郑板桥对真州一往情深,怀着深深的眷恋。此次前来,板桥的一些老朋友都还健在,如张仲苍、米旧山、画家团冠山、诗人兼金石家江宾谷、江禹九、诗人许衡山、张蕉衫,等等。这些人一直和郑板桥保持着极好的关系,唱和不绝。此外,郑板桥当年一批得意门生,如今也已长大成才。如许雪江、许既白,等等。六十多岁的郑板桥再次回到这里,与老朋友、弟子们重逢,彼此之间的亲近和密切,真是难以言表。板桥老人诗兴大发,仅仅收入诗集的,这次所吟的七律就多达十六首,是为板桥咏怀故乡山水风俗之冠。

春风十里送啼莺,山色江光翠满城。
曲岸红薇明涧水,矮窗白纸出书声。
衙斋种豆官无事,刀笔题诗吏有名。
昨夜村灯鱼藕市,青帘醇酒见人情。
(《真州杂诗八首并及左右江县》)

真州故地,正是郑板桥魂牵梦绕的天堂!十里春风,黄莺啼鸣,满城水光山色,青翠欲滴;溪流清涧,水波清澈透明,火一样的红薇点缀其间,色彩对比强烈,俨然图画。白纸窗户时不时传出的朗朗书声,和周围环境构成了诗画如一的境界。衙门里无繁冗杂务,无为而治,清闲得以种豆吟诗而著名。到了晚上,街市上的村灯点点,摆满了鱼藕等一些江南特色的时鲜特产。奔波忙碌了一天的人们,此时正坐在酒馆里推杯换盏,开怀畅饮,充满了真挚而亲切的人情味道。

郑板桥凭吊这里的文山庙,祭拜这里的浣女祠。他以真州为中心,放眼大江两岸,反思历史,缅怀古人,思潮奔涌,不可遏止。隔江相望的铁瓮城——镇江,这是一座历史重镇,它静静地躺卧在长江边上,似乎已经淡却了昔日的雄风。但它身上所沉淀的深厚的历史文化,镌刻下的无数仁人志士的足迹是无法被时间抹去的。南宋爱国词人辛稼轩,登上北固楼,面临着涛涛东去的江水,眼望江北烽火四起的破败河山,空怀一腔报国热血,却因一顶"归正人"的帽子无法施展抱负,悲愤地唱出了"何处望神州,满眼风光北固楼"那般壮怀激烈的千古绝唱。爱国诗人陆游,也曾多次经临镇江,留下了不少诗篇,其中"楼船夜雪瓜州渡,铁马秋风大散关"传唱千秋,历久不磨。

两鬓苍白的郑板桥,望着大江,他可能听到了辛稼轩的慷慨悲歌,看到了他壮志未酬的幽愤面容;听到了陆放翁临终示儿的低吟……他想到的是历史的兴衰和悲凉。

南国枫凋结绮楼,雷塘北去蓼花秋。

染成红泪胭脂湿,蘸破新霜草木愁。

两地干戈才转瞬,一般成败莫回头。

《后庭》遗曲江边唱,又听隋家《清夜游》。

——真州杂诗八首并及左右江县(其六)

诗中唱咏的是六朝陈后主和隋朝隋炀帝的遗事。二人都是亡国之君,而且又都是极尽荒淫奢靡之能事的昏庸之君。"两地干戈才转瞬,一般成败莫回头。"陈后主和隋炀帝灭国杀身之祸好像才过去不久,记忆犹新,但那些当权者,又有谁肯回过头去,看看历史,记住这些血泪教训呢?历史往往惊人地类似,陈后主有亡国序曲《玉树后庭花》,隋炀帝不也唱起了《清夜游》?如今不也有人在起劲地高声唱着吗?

大概是唏嘘历史兴亡不能自已的缘故,板桥由远及近,慨然谈起本朝故事来。

行过青山又一山,黄将军墓兀其间。
悬崖断处孤松出,骇浪崩时血泪还。
江上诸藩皆逆类,枢中一老复颜颜。
抵天只手终何益,运去心枯事总艰。

这首词作借咏黄将军,发出历史的感慨。黄将军,名得功,字虎山,为南明弘光朝江北四镇之一重臣,镇滁、和二州。清兵渡江时候,其余三镇皆投降,唯有黄将军带兵拼死抵抗,后被奸细射伤,壮志未酬,自刎而死。墓在城西四十里方山中。诗人以悬崖孤松赞誉黄得功,对降清诸藩,鄙夷地称为逆类。

从当时的历史环境来看,明清易代之初,那种激烈的反清情绪此时已经缓和。清朝统治者为了稳定大局,缓和民族矛盾,主动采取了一些安抚政策,如笼络明遗民,起用一些汉人知识分子给崇祯皇帝殡葬,恢复明朝宗室子孙的姓氏,纂修《明史》,分设《贰臣传》,以昭对降臣叛将的惩罚,对忠烈之士的褒扬,等等。禁区慢慢开放,一些诗词当中逐渐出现了对明朝的赞扬文字,但这扇门是开得很小的。一不小心,就将触电招来不测之祸。郑板桥好友王竹楼就因此遭到文字狱的迫害.《板桥集》后来也遭到了删改的厄运。但板桥此时还是抑制不住心中的所思所感，大挥笔墨，写下缅怀先烈的寄情诗篇。

板桥重回真州所写下的悲咏情调，除了带有一贯的郑氏风骨之外，或许也是老之将至，其言也善的缘故。对于生死，坎坷一生的郑板桥未表现出特别的达观，但朋友间的死生情深，却始终让他牵挂。

乾隆二十三年，正值郑板桥老友高凤翰去世十年祭。高家亲属深知板桥和凤翰之间的友谊，专程从山东赶来，请板桥为高凤翰书写墓碑文。板桥缅怀亡友，深情挥笔泼墨为之书写，以寄托心中的哀思。之后，每每拿出好友遗作，观摩品题，如对故人一般，怅然所失。

乾隆二十六年，他在高凤翰画册上题道：

此幅三石挤塞满纸，而其为绿、为赭、为墨，何清晰也！为高、为下、为内、为外，何径路分明也！又以苔草点缀，不粘不脱，使彼此交搭有情，何隽永也！西园老兄，秀才出身，故画法具有理解。近日诗古家骂秀才，骂制艺，几至于不可耐。不知诗古不从制艺出，皆无伦杂凑。满口山川风月，满手桃柳杏花，张哥帽，李哥戴，直是不堪一笑耳。圣天子以制艺取士，士以此应之。明清两朝士人，精神聚会，正在此处。试看西园兄画，绝无时文气，而却从时人制艺出来。（《题高凤翰画册》）

板桥对老朋友的了解是深刻的，他的评论也绝非泛泛之词。高凤翰的书画是建立在深厚的文学修养基础上的，出手不凡，而有自己的理解。制艺、时文，从对科举弊端批判的角度立论，是有其该贬的地方，然从文化基础教育的角度来看，又有值得肯定的地方。对老友的至深感情，跃然纸上。

就在板桥为高凤翰墓碑书文的乾隆二十三年，老朋友慎郡王允禧去世了。他是板桥当年得以出仕的大恩人，但纵观板桥诗文，却没有涉及的文字。大约因为当时板桥罢官归乡，江天阻隔，消息断绝的缘故吧。允禧直到去世前一年的三月份，还在《题郑燮兰竹图卷》中怀念起板桥。

　　与板桥别十余年矣，江干千里，晤言无因，适程君振凡以其所画兰竹示余，慨然如见故人。岁寒之盟，同心之臭，有不随形迹疏者。因题数语志之。至其笔墨超俊，世所共赏，故不复云。丁丑三月朔，紫琼道人识。

　　"丁丑"年是乾隆二十二年，板桥辞官归去四年了。而从乾隆七年板桥离京赴任，二人至此也恰是分别有"十余年"。相别十余年，无法再见，见画如对故人，感慨万分。二人友情之深，可见一斑。这恐怕是允禧辞世之前最后一篇怀念板桥的文字了。如果板桥见此，能不肝肠寸断，老泪滂沱吗？人世间生离死别，固然是自然规律，但知心朋友之间的生死情结，是无论如何也无法斩断的。

　　李方膺，板桥老友，乾隆二十五年五月，距离其去世整整五年了。板桥展开他的遗作，回忆旧年往事，历历在目，凭着对老友的艺术作品的评介，以缅怀老友，他挥笔写了一段题跋。

　　兰竹画，人人所为，不得好。梅花，举世所不为，更不得好。惟俗工俗僧为之。每见其几段大炭，撑拄吾目，其恶秽欲呕也。晴江李四哥独为于举世不为之时。以难见奇、以孤见实，故其画梅，为天下先。日则凝视，夜则构思，身忘于衣，口忘于味，然后领梅之神、达梅之性、把梅之韵、吐梅之情，梅亦俯首就范，入其剪裁刻划之中而不能出。夫所谓剪裁者，绝不剪裁，乃真剪裁也；所谓刻划者，绝不刻划，乃真刻划也。岂止神行人画，天复有莫知其然而然者，问之晴江.亦不自知，亦不能告人也。愚来通州。得睹此卷，精神焕发。兴致淋漓。此卷新枝古干、夹杂飞舞,令人莫得寻其起落。吾欲坐卧其下,作十日工课而后去耳。

乾隆二十五年五月十三日。板桥郑燮漫题。

唯有深知其人,才能深知其画,画品、人品相表里。李晴江是一位生性耿直,在为人、为艺上都不肯人云亦云的艺术家。他曾经自题梅花卷说:"铁干铜皮碧玉枝,庭前老树是吾师。画家门户终须立,不学元章与补之。"王元章和杨补之均为宋元画梅高手,而李晴江却不愿意步其后尘,偏要自己造化,自立门户,辟出自己一条路子来,其个性和抱负绝非一般泛泛之辈。

板桥在这段文字中,不仅对老友的画作提出了真知灼见的评品,也在绘画理论中提出了自己的见解。死者长已矣,生者应该负起责任在品评亡友的作品时,他必须品评公正公道才能对得起死去的故人,这也是作为一名艺术家的责任。

朋友间的生死情结,板桥无法释怀,对自己,似乎也不易解脱。五十岁后,郑板桥总爱留点自传性的文字。于乾隆十三年济南试院期间写下的《板桥偶记》,主要内容除了与饶妾夫人的艳遇之外,难逃艺术的铺陈。写于乾隆十四年到十五年潍县任上的《板桥自叙》,较为系统地介绍了自己的身世、艺术道路和成就,同时也比较详细地阐述了自己的艺术简介。文中说:

板桥非闭户读书者,长游于古松、荒寺、平沙、远水、峭壁、墟墓之间。然无之非读书也。求精求当,当则粗者皆精,不当则精者皆粗。思之,思之,鬼神通之!

对艺术创作的"求精求当",对艺术创作的苦恋情深,便是郑板桥终其一生的追求。

六十岁后,经历罢官震荡,郑板桥最终皈依艺术,再写自传,以求传于后世,彰于史册。他在六十八岁时写下的《刘柳村册子》中,毫无掩饰地说:

板桥貌寝,既不见重于时,又为忌者所阻,不得入试。愈愤怒,愈迫窘,愈敛厉,愈微细,遂作《渔父》一首,倍其调为双叠,亦自立门户之意也。

板桥最穷最苦,貌又寝陋,故长不合于时;然发愤自雄,不与人争,而自以心竞。四十外乃薄有名,所谓诸生日"万盈四十乃知名"也。其名之所到,辄渐加而不渐淡,只是中有汁浆耳。庄生谓:"鹏怒而飞,其翼若垂天之云。"古人又云:"草木怒生。"然则万事万物何可无怒耶?板桥书法以汉八分杂入楷行草,以颜鲁公《座位稿》为行款,亦是怒不同人之意。

乾隆庚辰秋日,为柳村刘三兄书此十二页。

"心竞"、"怒不同人",白发苍苍的老人把自己的内心世界彻底地敞露在了世人的面前。人之将死,其言也善。对艺术痴迷的热爱使他如孩童般天真稚直,使他壮怀激烈至死不悔。和艺术一生的不解情缘,让他结下永远难以挥洒的生死情结。

咬定青山不放松,立根原在破岩中。
千磨万击还坚劲,任你东西南北风。(《竹石》)

第三节 壮怀千秋，一生疏狂

> 七十老人画竹石，石更凌嶒竹更直。
> 乃知此老笔非凡，挺挺千寻之壁立。

——《题竹石图》

人近暮年，身心大多趋于平淡，性情不显于色，以颐养天年。但板桥却不然，愈近晚年，老夫愈加英气勃发，气贯长虹。艺术上，独来独往，狂放如初。

行为的狂怪是心态的表现。作为抒发情感的艺术，自然也会更加带有郑板桥狂怪的特色。

终日作字作画，不得休息，便要骂人；三日不动笔，又想一幅纸来，以舒其沉闷之气，此亦吾曹之贱相也。今日晨起无事，扫地焚香，烹茶洗砚，而故人之纸忽至。欣然命笔，作数箭兰、数竿竹、数块石，颇有洒然清脱之趣。其得时得笔之候乎！索我画，偏不画，不索我画，偏要画，极是不可解处，然解人于此但笑而听

之。(《题画兰竹石》)

此幅作于六十九岁之时,从题跋来看,板桥狂怪个性愈老弥坚。板桥晚年画作,往往喜作大幅,画面丰腴,或兰或竹,随意泼洒,有不可一世之气魄。大约也是在六十九岁上,应朋友求索,板桥花了大幅《芝兰竹石图》。加上长题,几乎布满整个画面,由于画家布局巧妙,使得密而不塞,繁而不乱,狂放中又呈现出一种超脱文静之态,画上题道:

昔人云:入芝兰之室,久而忘其香。夫芝兰入室,室则美矣,芝兰勿乐也。吾愿居深山绝谷之间,有芝弗采,有兰弗掇,各适其天,各全其性。乃为诗曰:高山峻壁见芝兰,竹影遮斜几片寒。便以乾坤为巨室,老夫高枕卧其间。

老来心胸旷达,"以乾坤为巨室",以天下为蜗居,高卧其间。这种心态或许也是十几年的宦海沉浮在郑板桥心灵上或明或暗投下的种种反射。回归自然,回到艺术中,这种阴影曾经阻碍着郑板桥的思绪。而今,他已彻底走出,摆脱阴影,走入了自由酣畅的境地了。一旦挣脱那些世俗的枷锁,跨入自由之境界,板桥的才情纵如天马行空,上下几千年,纵横几万里,任由独行。

到了七十岁后,一股浩然不可侵犯的磅礴之气充溢在板桥的艺术作品之中。乾隆二十八年,板桥在《竹石图》上题诗道:

七十老人画竹石,石更凌嶒竹更直。
乃知此老笔非凡,挺挺千寻之壁立。(《题竹石图》)

一股傲骨嶙峋不可压制之气跃然于诗间。这种傲不可侵的气势并非偶然，七十二岁时，板桥在赠给朋友"茂林年学兄"的一幅《兰竹石图》上题道：

掀天揭地之文，震电惊雷之字，呵神骂鬼之谈，无古无今之画，原不在寻常眼孔中也。未画以前，不立一格，既画以后，不留一格。（《题乱兰乱竹乱石与汪希林》）

什么传统，什么今律，统统踏倒，留下的是真我的表现，要的是心灵的展示，存的是无古无今之态势！这就是在艺术的天地遨游了一辈子的艺坛老翁自我价值的最终实现和肯定，没有虚伪，没有掩饰。郑板桥一生的曲折落魄，一生的光辉荣耀，一生的种种情结，在这里得到了归一。

回望现实，板桥晚年的生活是较为贫困的。两个幼子早夭，只剩下三个女儿，最后收了个义子郑田为嗣。其《自叙》说："初极贫，后亦稍稍富贵；富贵后亦稍稍贫。"《自叙》写于六十八岁时，已感贫困，七十岁以后更是可想而知。按理说，板桥晚年卖画收入应该不算太差，何以落得如此困境？李斗在《扬州画舫录》中提到：板桥"尝作一大布囊，凡钱帛食物，皆置于内，随取随用。或遇故人子弟及同里贫善之家，则顷与之。"十二年官场，两袖清风而去，无多积累，加之不善管理钱帛，贫困又悄然来袭。六十六岁时，郑板桥二女儿出嫁，板桥在赠送女儿的《兰竹图》上题下了这样一首诗。

官罢囊空两袖寒，聊凭卖画佐朝餐。
最惭吴隐奁线薄，赠尔春风几笔兰。

女儿出嫁，父亲总不至于以富充贫，看来郑板桥诗中所言应该是实情。大概也是因为贫穷的原因,郑板桥晚年漂泊不定,创作也异常贫困。从传世的作品来看,七十岁以后的两三年里,郑板桥流离失所的时间很多,不见有安度晚年的迹象。

乾隆壬午春日,扬州客斋写赠六源同学兄,并题二十八字见志。

此时,板桥漂泊扬州。又有一副赠啸江大师的对联,题款为:"乾隆癸未九月"。去世前一年,板桥作水墨纸本《焦山竹石图》,款识:"焦山石块焦山竹,逐日相看坐古苔。今日雨晴风又便,扁舟载得过江来。乾隆甲申,为东序年学兄,板桥郑燮画并题。"

从壬午春日扬州到次年九月焦山,这两年板桥都未在老家兴化度过。直到甲申年秋天,板桥才回到兴化,此时,他已经是七十二岁的老者,距离去世仅有一年时光了。

郑板桥甲申年秋回到老家兴化,作画题款为:

画竹之法,不贵拘泥成局,要在会心人深神,所以梅道人能超最上乘也。盖竹之体,瘦劲孤高,枝枝傲雪,节节干霄,有似乎士君子豪气凌云,不为俗屈。故板桥画竹,不特为竹写神,亦为竹写生。瘦劲孤高,是其神也;豪迈凌云,是其生也;依于石而不囿于石,是其节也;落于色相而不滞于梗概,是其品也。竹其有知,必能谓余为解人;石如有灵,亦当为余首肯。

甲申秋杪,归自邗江,居杏花楼。对雨独酌,醉后研墨拈管,挥此一幅,留赠主人。

杏花楼是老家兴化城内一处有名的酒楼,坐落在鹦鹉桥附近,板桥年轻时

第十章 泛舟红桥:一生疏狂竹石图

常常在此饮酒逗留。此番漫游归家，坐在杏花楼台，对雨独酌，心中又是一番什么样的滋味呢？一生的起伏荣辱如今何在？一种巨大的失落和孤独油然而生。能够与之心灵相通的，大约只是童年时代在白窗毛纸上浮动的斑斑竹影，大约只有为之写一生的竹子了。"其身与竹化，无穷出清新"。像一个轮回，像一段情缘，竹林深深才是板桥的归宿。

乾隆三十年乙酉，这是板桥人生旅途的最后一程。这一年，他仍然在拼命作画，这似乎是一种与生俱来的使命感，不如此，这位饱经沧桑的老者的内心，就无法平复，无法安神。这一年春天，他在新画的《竹石图》中题道：

文与可画竹，胸有成竹；郑板桥画竹，胸无成竹。与可之有成竹，所谓渭川千亩在胸中也；板桥之无成竹，如雷霆霹雳，草木怒生，有莫如其然而然者，盖大化之流行，其道如是，与可之有，板桥之无，是一是二，解人会之。

"大化"与"怒不同人"正如"入世功名"和"出世超脱"纠缠了郑板桥的一生，朋友郑方坤说板桥是一名表面狂放，内心谨慎的人，自题的"难得糊涂"就是理性和感性在现实生活中激斗的结果，这种理性和感性的纠葛甚至体现在他作画一生的竹石图中。最终，他确认了，参破了，在作画中任凭感情的驱遣，反对理性的安排。

鹤娇云中，霞飞天半；竹明水际，松挺岩阿。

这一年，他写下了这副对联，这位老人，他真的要走了！

公元一千七百六十五年，乾隆三十年乙酉，农历十二月十二日，在人生和艺术的征程中挣扎、探索了一生的郑板桥，在贫困中悄然辞世。七十三个春秋,也许只是宇宙的一瞬,但却是人的一辈子。逝者如斯夫,三百多年弹指一挥间。但板桥的传奇故事依然为人们所传颂,板桥的诗书画至今仍在闪烁着不朽的光芒。管阮庄的那一小块墓地,郑板桥静静地躺在那里,蓝天、白云、晨雾、晚霞、修竹、幽兰、顽石在他的周围为伴,这名漂泊沉浮、狂怪一生的艺术家真的可以长眠了。

第十章 泛舟红桥:一生疏狂竹石图